NEUERWERBUNGEN Frühjahr 2016

LUDORFF

Josef Albers
- 96 *SP-II*, 1967 / *SP-III*, 1967
- 97 *SP-IV*, 1967 / *SP-VI*, 1967

Christian Awe
- 139 *time waits for no one*, 2014
- 141 *Gatsby*, 2015

Otto Dix
- 25 *Maud Arizona (Suleika, das tätowierte Wunder)*, 1922
- 27 *Frauenkopf*, 1919

Lyonel Feininger
- 35 *Ausfahrende Barke*, 1931

Sam Francis
- 87 *Untitled (SF68-127)*, 1968
- 89 *Untitled (SF82-263)*, 1982

Klaus Fußmann
- 123 *Segelboote*, 2012
- 125 *Ostsee*, 1995
- 127 *Landschaft Düttebüll*, 2007

Franz Gertsch
- 111 *Gräser I (Detail 3)*, 2002
- 113 *Wasser*, 2005

Karl Otto Götz
- 91 *o. T. aus der Folge »Schattenschreie«*, 1992

Gotthard Graubner
- 99 *Ohne Titel*, 1975
- 101 *Yello*, 1998/1999

George Grosz
- 19 *Indianer*, 1920
- 21 *Café, Vorzeichnung zu dem gleichnamigen Ölgemälde* 1915

Hans Hartung
- 93 *L-23-1974*, 1974

Erich Heckel
- 39 *Dorfstraße*, 1907
- 41 *Liegender weiblicher Akt mit Hund*, ca. 1911

Alexej von Jawlensky
- 65 *Meditation (VI 1936 N. 8)*, 1936

Konrad Klapheck
- 107 *Die Ungeduld der Sphinx*, 1998
- 109 *Fruchtbarkeit*, 1960

Ernst Ludwig Kirchner
- 43 *Zwei am Zelt (Am Ufer)*, ca. 1911
- 45 *Paar im Gespräch, Erna und Gewecke*, ca. 1912

Karin Kneffel
- 117 *Ohne Titel (Dalmatiner)*, 2015
- 119 *Ohne Titel (Kuh)*, 1993
- 121 *Ohne Titel (Kleine Kirsche)*, 1997

Georg Kolbe
- 57 *Kauernde*, 1917
- 59 *Kniende*, 1926

Käthe Kollwitz
- 31 *Kinderkopf – Lotte*, vor 1925
- 33 *Säugling im Schoß der Mutter*, 1922

Christopher Lehmpfuhl
129 *Herbstlicher Schlosspark*, 2015
131 *Herbstlicht am Schlachtensee*, 2015

Max Liebermann
11 *Im Biergarten (Wildbach im Schwarzwald)*, 1893
13 *Spielende Kinder in einer Scheune*, 1896
15 *Große Seestraße in Wannsee mit Spaziergägern*, 1922/23

Gabriele Münter
61 *Vorstadt mit Barockkirche (München Ramersdorf)*, 1934
63 *Moorbach mit Häusern im Schnee*, 1932

Ernst Wilhelm Nay
67 *Ohne Titel*, 1958
69 *Dominant Gelb*, 1959
71 *Morningstar*, 1963

Emil Nolde
53 *Nordfriesisches Gehöft*, ca. 1935/1940
55 *Callas und Anthurien*, ca. 1925

Hermann Max Pechstein
47 *Mühle und Ruderboot*, 1931
49 *Bildnis einer Frau*, 1923
51 *Angler am Lebastrom*, 1936

Otto Piene
79 *Ohne Titel – Rauchzeichnung*, 1959
81 *Feuerblume*, 1964
83 *Ohne Titel*, 1962

Serge Poliakoff
73 *Composition verte, bleue, rose et jaune*, 1964
75 *Composition jaune*, 1965
77 *Composition bleue, verte et rouge*, 1969

Hans Purrmann
37 *Blick über Florenz*, 1935

Gerhard Richter
103 *Ohne Titel (23.1.89)*, 1989
105 *Ohne Titel (17.12.85)*, 1985

Emil Schumacher
85 *Banga*, 1964

Renée Sintenis
9 *Schlafendes Reh*, 1931
17 *Junger sitzender Terrier*, 1925
29 *Kniender Elefant*, 1936

Hiroshi Sugimoto
115 *Baltic Sea, Rügen*, 1996

Lesser Ury
5 *Spaziergänger am Landwehrkanal*, ca. 1924
7 *Am Landwehrkanal im Herbst (Schöneberger Ufer)*, 1920er

Cornelius Völker
133 *Austern*, 2007

Jerry Zeniuk
135 *Untitled*, 2014
137 *Untitled*, 2013

Lesser Ury

[1861 Birnbaum bei Posen – 1931 Berlin]

Spaziergänger am Landwehrkanal
Radierung auf Papier /
Etching on paper
1924

Darstellung: 18 x 13,2 cm
Blatt: 36 x 27 cm
Signiert und »59/100« nummeriert
Erschienen in der Mappe »Lesser Ury - Berliner Impressionen - Sieben Radierungen«, Berlin Euphorion Verlag, 1924
Auflage: 100 arabisch nummerierte Exemplare, 30 römisch nummerierte Exemplare
Werkverzeichnis Rosenbach 2002 Nr. 24
Provenienz: Privatsammlung Süddeutschland
Literatur: Detlev Rosenbach, »Lesser Ury - Das druckgraphische Werk«, Berlin 2002, Nr. 24

—

Image: 18 x 13.2 cm | 7 x 5 1/4 in
Sheet: 36 x 27 cm | 14 1/4 x 10 2/3 in
Signed and numbered »59/100«
Published in the portfolio »Lesser Ury - Berliner Impressionen - Sieben Radierungen«, Berlin Euphorion Verlag, 1924
Edition of 100 Arabic numbered copies, 30 Roman numbered copies
Catalogue Raisonné by Rosenbach 2002 no. 24
Provenance: Private Collection Southern Germany
Literature: Detlev Rosenbach, »Lesser Ury - Das druckgraphische Werk«, Berlin 2002, no. 24

Lesser Ury

[1861 Birnbaum bei Posen – 1931 Berlin]

Am Landwehrkanal im Herbst (Schöneberger Ufer)
Pastell auf Papier /
Pastel on paper
1920er / 1920s

35 x 49,7 cm
Signiert und rückseitig »Schöneberger Ufer (Herbst)« bezeichnet
Aufgenommen in das in Vorbereitung befindliche Werkverzeichnis der Gemälde, Pastelle, Gouachen und Aquarelle von Dr. Sibylle Groß, Berlin
Expertise: Dr. Sibylle Groß, Berlin
Provenienz: Privatsammlung Moritz und Jadwiga (Hedy) Wegier, Berlin (vor 1939) / New York

—

35 x 49.7 cm | 13 3/4 x 19 1/2 in
Signed and marked »Schöneberger Ufer (Herbst)« on the verso
The work has been registered for the catalogue raisonné of the paintings and the works on paper currently being prepared by Dr. Sibylle Groß, Berlin
Certificate of Authenticity by Dr. Sibylle Groß, Berlin
Provenance: Collection Moritz und Jadwiga (Hedy) Wegier, Berlin (before 1939) / New York

»Die Kunst soll seelisch-soziale Zustände aufgreifen, denn ich halte es für unwahr, wenn man befürchtet, dass man in einer »Zeit«, wie es die unsrige ist, als Mensch und Künstler leben kann, ohne von all den Fragen, die das soziale Leben in jedem Gebildeten aufpeitscht, berührt zu werden«.[1] Die Werke von Lesser Ury lassen sich als direkte Teilhabe am turbulenten Leben in der Metropole Berlins verorten. Sein Œuvre gibt einen umfassenden Einblick in das Großstadtleben des beginnenden 20. Jahrhunderts, an dem sich der technische und wirtschaftliche Fortschritt und das unaufhaltsame Wachstum der Stadt Berlin ablesen lassen. Immer wieder malt er das Treiben in Caféhäusern, begibt sich in das Zentrum der Stadt am Kurfürstendamm oder beobachtet Menschen beim Spaziergang im Park. Besonders markant sind seine Nachtszenen, in denen die Dunkelheit und der Mensch zu verschmelzen scheinen, für die er zunächst nur wenig Zustimmung innerhalb von Künstler- und Sammlerkreisen erfuhr.
Ury sucht die Dualität von Mensch und Natur und nähert sich dieser mittels einer impressionistischen Freilichtmalerei an. Von Urys Wohnung aus sind es nur wenige Meter bis zur großen Parkanlage am Brandenburger Tor, dem Tiergarten, wo er, wie auch schon zuvor sein Zeitgenosse Max Liebermann, häufig die Grünanlagen besuchte. Unsere Pastellarbeit aus den 1920er Jahren zeigt eine dieser zahlreichen Alleen an einem spätsommerlichen Nachmittag. Die Straße wird gesäumt von hochgewachsenen Bäumen, ihr Laub färbt sich in schillernden Herbstfarben. Im Zentrum des Bildes spaziert eine Dame in feiner Kollektion die Allee entlang; in der steilen Flucht des Weges gibt sich ein weiterer Spaziergänger zu erkennen. Den Hut tief im Gesicht – sehen, aber nicht gesehen werden – flaniert die Dame ganz für sich allein. Fast symbiotisch erscheint sie in der Parkanlage, auf die sie ihre Kleidung farblich unbewusst abgestimmt hat.
Der Maler vermeidet die grautonige Luftmalerei, die alles in einen leichten Schleier hüllt, denn er will vor allem leuchtende, starke Farben wiedergeben, wie sie ihm beispielsweise mit dem saftigen Grün der Wiese und dem kräftigen Gelb der Blätter gelingen, die satt hervorleuchten. Beim Pastell wendet Ury zudem seine ganz eigene Technik an. Zunächst grundiert er den Bildträger mit einer weißen Kreideschicht, wobei er sich an ein eigens entwickeltes Rezept hält. Anschließend bringt er die Farben mit dem Pastellstift auf, um diese sogleich mit dem Handballen wieder zu verreiben. So entstehen Farbflächen, die sich durch fließende Tonübergänge auszeichnen. Dieses Dahingleiten der Farben lässt die Konturen der Komposition verschwimmen und die Luft vibrieren: Ury sieht und arrangiert in seinen Werken die Melodie der Großstadt, in der die einzelnen Darstellungen harmonischen, berauschenden Farbklängen gleichkommen.

1 Zitat Lesser Ury, in: Hermann A. Schlögl, Matthias Winzen, (Hg.), »Lesser Ury und das Licht«, Ausst.-Kat., Baden-Baden 2014, S. 91.

Renée Sintenis

[1888 Glatz – 1965 Berlin]

Schlafendes Reh
Bronze /
Bronze
1931

h = 4,5 cm
Auf der Unterseite signiert mit dem Monogramm sowie mit dem Gießerstempel »H. Noack Berlin« versehen
Werkverzeichnis Buhlmann 1987 Nr. 188
Provenienz: Privatsammlung Berlin
Literatur: Ursel Berger/Günter Ladwig (Hg.), »Renée Sintenis - Das plastische Werk«, Berlin 2013, Nr. 123; Britta E. Buhlmann, »Renée Sintenis – Werkmonographie der Skulpturen«, Darmstadt 1987, Nr. 188; Georg-Kolbe-Museum, »Renée Sintenis – Plastiken, Zeichnungen, Druckgraphik«, Ausst.-Kat., Berlin 1983, Nr. 64; Senator für Volksbildung/Haus am Waldsee, »Renée Sintenis – Das plastische Werk, Zeichnungen, Graphik«, Ausst.-Kat., Berlin 1958, Nr. 47; Hanna Kiel, »Renée Sintenis«, Berlin 1956, Abb. S. 61; Rudolf Hagelstange/Carl Georg Heise/Paul Appel, »Renée Sintenis«, Berlin 1947, Abb. S. 76; Hanna Kiel, »Renée Sintenis«, Berlin 1935, Abb. S. 75
Ausstellungen: Georg-Kolbe-Museum/Kulturgeschichtliches Museum/Ostdeutsche Galerie/Galerie im Alten Rathaus/Leopold-Hoesch-Museum, »Renée Sintenis – Plastiken, Zeichnungen, Druckgraphik«, Berlin/Osnabrück/Regensburg/Friedberg/Düren 1983/84; Städtisches Museum, »Renée Sintenis«, Mühlheim/Ruhr 1962; Haus am Waldsee, »Renée Sintenis – Das plastische Werk, Zeichnungen, Graphik«, Berlin 1958; Künstlerhaus Palais Thurn und Taxis, »Professor Renée Sintenis. Das plastische Werk, Zeichnungen und Graphik. Johann Michael Wilm. Ein Altmeister der deutschen Goldschmiedekunst«, Lindau/Bregenz 1961

—

h = 4.5 cm | 1 3/4 in
Signed with the initials
Foundry mark »H. Noack Berlin« on the bottom
Catalogue Raisonné by Buhlmann 1987 no. 188
Provenance: Private Collection Berlin
Literature: Ursel Berger/Günter Ladwig (ed.), »Renée Sintenis - Das plastische Werk«, Berlin 2013, no. 123; Britta E. Buhlmann, »Renée Sintenis – Werkmonographie der Skulpturen«, Darmstadt 1987, no. 188; Georg-Kolbe-Museum, »Renée Sintenis - Plastiken, Zeichnungen, Druckgraphik«, exh.cat., Berlin 1983, no. 64; Senator für Volksbildung/Haus am Waldsee, »Renée Sintenis - Das plastische Werk, Zeichnungen, Graphik«, exh.cat., Berlin 1958, no. 47; Hanna Kiel, »Renée Sintenis«, Berlin 1956, ill. p. 61; Rudolf Hagelstange/Carl Georg Heise/Paul Appel, »Renée Sintenis«, Berlin 1947, ill. p. 76; Hanna Kiel, »Renée Sintenis«, Berlin 1935, ill. p. 75

Exhibited: Georg-Kolbe-Museum/Kulturgeschichtliches Museum/Ostdeutsche Galerie/Galerie im Alten Rathaus/Leopold-Hoesch-Museum, »Renée Sintenis – Plastiken, Zeichnungen, Druckgraphik«, Berlin/Osnabrück/Regensburg/Friedberg/Düren 1983/84; Städtisches Museum, »Renée Sintenis«, Mühlheim/Ruhr 1962; Haus am Waldsee, »Renée Sintenis – Das plastische Werk, Zeichnungen, Graphik«, Berlin 1958; Künstlerhaus Palais Thurn und Taxis, »Professor Renée Sintenis. Das plastische Werk, Zeichnungen und Graphik. Johann Michael Wilm. Ein Altmeister der deutschen Goldschmiedekunst«, Lindau/Bregenz 1961

Max Liebermann [1847 Berlin – 1935 Berlin]

Im Biergarten (Wildbach im Schwarzwald)
Bleistift auf Papier /
Pencil on paper
1893

10 x 14,5 cm
Signiert
Expertise: Drs. Margreet Nouwen, Berlin
Provenienz: Privatsammlung Baden-Baden
Literatur: Hans Ostwald, »Das Liebermann-Buch«, Berlin 1930,
Abb. 164, S. 327

—

10 x 14.5 cm | 4 x 5 2/3 in
Signed
Certificate of Authenticity by Drs. Margreet Nouwen, Berlin
Provenance: Private Collection Baden-Baden
Literature: Hans Ostwald, »Das Liebermann-Buch«, Berlin 1930,
ill. 164, p. 327

Originalgröße / real size

Max Liebermann [1847 Berlin – 1935 Berlin]

Spielende Kinder in einer Scheune
Öl auf Leinwand auf Karton /
Oil on canvas on cardboard
1898

33 x 48 cm
Signiert
Werkverzeichnis Eberle 1995 Nr. 1898/9
Provenienz: Atelier des Künstlers; Sammlung Dr. J. Deutsch, München (bis 1931); Galerie Hugo Helbing, München; Privatsammlung Basel (seit 1937); Privatsammlung Genf
Literatur: Matthias Eberle, »Max Liebermann. Werkverzeichnis der Gemälde und Ölstudien 1865-1899«, Bd. I, München 1995, Nr. 1898/9; Kunsthalle Bern, »Albert Welti – Max Liebermann«, Ausst.-Kat., Bern 1937, Nr. 154; Hugo Helbing, »Sammlung Dr. J. Deutsch: Ölgemälde des IXX. und XX. Jahrhunderts«, Ausst.-Kat., München 1931, Tafel 31, Abb. 84; Berliner Illustrirte Zeitung, Berlin 25.6.1899, S. 5
Ausstellungen: Kunsthalle Bern, »Albert Welti - Max Liebermann«, Bern 1937; Galerie Helbing, »Sammlung Dr. J. Deutsch: Ölgemälde des IXX. und XX. Jahrhunderts«, München 1931

—

33 x 48 cm | 13 x 19 in
Signed
Catalogue Raisonné by Eberle 1995 no. 1898/9
Provenance: The artist's studio; Collection Dr. J. Deutsch, Munich (until 1931); Galerie Hugo Helbing, Munich; Private Collection Basel (since 1937); Private Collection Geneva
Literature: Matthias Eberle, »Max Liebermann. Werkverzeichnis der Gemälde und Ölstudien 1865-1899«, vol. I, Munich 1995, no. 1898/9; Kunsthalle Bern, »Albert Welti - Max Liebermann«, exh.cat., Bern 1937, no. 154; Hugo Helbing, »Sammlung Dr. J. Deutsch: Ölgemälde des IXX. und XX. Jahrhunderts«, exh.cat., Munich 1931, plate 31, ill. 84; Berliner Illustrirte Zeitung, Berlin 25.6.1899, p. 5
Exhibited: Kunsthalle Bern, »Albert Welti - Max Liebermann«, Bern 1937; Galerie Helbing, »Sammlung Dr. J. Deutsch: Ölgemälde des IXX. und XX. Jahrhunderts«, Munich 1931

Die frühen Schaffensjahre Max Liebermanns sind geprägt von einer durchaus widerständischen Haltung. Es war der an der Tradition der Akademie orientierte Kunstgeschmack des Wilhelminischen Kaiserreiches, wogegen sich Liebermann bewusst positionierte. Kunst, das sollte die große Geschichte, nicht aber die Pinselführung des Künstlers sein. Dem Anspruch des Pathos, epischer Historienbilder oder entzückender Genreszenen, will sich Liebermann verweigern und sucht und findet seine Kunstpatronen in der französischen Malerei. Es sind Künstler wie Jean Francois Millet, Gustave Courbet oder Edgar Degas die das Kunstverständnis von Liebermann entscheidend prägen. Degas Werke lobt er 1889, sie seien »entstanden – ganz zufällig – und nicht gemacht«.[1] In dem ländlichen Realismus der bäuerlichen Einfachheit, den er in diesen Bildern findet, entdeckt Liebermann eine geeignete Ausdrucksform. So reist er ab 1876 wiederkehrend nach Holland, wo er in den Sommermonaten in Dörfern wie Dongen, Zweelo oder Laren einkehrt. Was er dort entdeckt und was ihn fasziniert sind ganz alltägliche Motive, die ihn jedoch zu einer neuen Malerei beflügeln: Dorfbewohner bei der Heim- und Feldarbeit, das familiäre Beisammensein oder das Zusammenleben in Altmänner- und Waisenhäusern. Sichtlich gerührt von dem starken Zusammenhalt der dörflichen Gemeinschaften schreibt er seinem Bruder Felix: »Armut gibt es hier nicht.«[2]

Unser Gemälde von 1898 ist ein besonders schönes Beispiel dieser Schaffensperiode und stellt darüber hinaus einen markanten Umbruch in Liebermanns Werk dar. Das Bild zeigt zwei in sich versunkene Mädchen beim

Spielende Kinder in der Scheune auf der Treppe im Atelier des Künstlers (aus: Berliner Illustrirte Zeitung, Berlin 25.6.1899)

gemeinsamen Spiel in einer Scheune. Die Szene offenbart einen Moment der Unbeschwertheit. Das erdige Kolorit der Frühjahre und die Ton-in-Ton Malerei kommen auch hier noch zum Einsatz. Doch kündigt das Bild Liebermanns impressionistischen Gestus bereits sehr deutlich an. Anstelle dünner Lasuren, wird die Farbe in raschen Zügen pastos auf den Malgrund aufgebracht, in dem sich die Details zugunsten der Stimmung verlieren. So bleibt es offen, womit die Kinder eigentlich beschäftigt sind. Trotz der gedeckten Palette handelt es sich um freundliche Braun- und Rottöne, die eine haptische Qualität erreichen. Inmitten des Bildes erstrahlen die blonden Schöpfe der Kinder wie zwei Lichtquellen. Mit Blick auf die Bilder des folgenden Jahres, bei denen Liebermann als Reaktion auf seine schlechten Kritiken, schlussendlich das bäuerliche Personal seiner Bilder gegen Polospieler, Badende und Reiter am Strand eintauschen wird, wirkt dieses Gemälde wie ein stiller Abschiedsgruß. Ein letzter freudiger Blick auf die alte Malerei und die gemeinsame Zeit im Dorf, in dem Wissen, das man als Künstler niemals verharren darf. Dass Liebermann zukünftig der »Manet der Deutschen« genannt werden soll, zeichnet sich in diesem Gemälde bereits sehr deutlich ab.

1   Max Liebermann. Degas, Berlin: Cassirer, 1899, S. 11.
2   Tobias Natter, Julius H. Schoeps (Hg.), »Max Liebermann und die französischen Impressionisten«, Köln 1997, S. 39.

Max Liebermann [1847 Berlin – 1935 Berlin]

Große Seestraße in Wannsee mit Spaziergängern
Öl auf Holz /
Oil on wood
1922/23

33 x 44 cm
Signiert
Aufgenommen in den in Vorbereitung befindlichen Nachtrag des Werkverzeichnisses der Gemälde von Prof. Dr. Matthias Eberle, Berlin, unter der Nummer 1922/34a
Expertise: Prof. Dr. Matthias Eberle, Berlin
Provenienz: Privatsammlung Europa (seit 1970); Privatsammlung USA

—

33 x 44 cm | 13 x 17 1/4 in
Signed
The work has been registered for the addendum of the catalogue raisonné currently being prepared by Prof. Dr. Matthias Eberle, Berlin as no. 1922/34a
Certificate of Authenticity by Prof. Dr. Matthias Eberle, Berlin
Provenance: Private Collection Europe (since 1970); Private Collection USA

Der Ausbruch des Ersten Weltkrieges wird Max Liebermann für einen längeren Zeitraum davon abhalten, die Sommermonate wie gewohnt an der Küste Hollands zu verbringen, wo er das Spiel der Kinder am Strand und die Reitausflüge des gehobenen Bürgertums zu malen gewohnt war. Von nun an sah sich Liebermann gezwungen, sein künstlerisches Schaffen neu auszurichten und neue Quellen der Inspiration zu suchen. Er findet diese vor allem in seiner Heimatstadt Berlin. So sind es nun vor allem Eindrücke aus dem Berliner Tiergarten oder von Spaziergängen am Wannsee, die er auf die Leinwand bannt. Auch beschäftigt sich Liebermann zunehmend mit seinem direkten Umfeld wie etwa dem aufwändig angelegten Garten und der näheren Umgebung seines wunderbaren Sommerhauses am Wannsee.

Das vorliegende Gemälde zeigt das unbeschwerte Treiben auf der sogenannten Großen Seestraße, die direkt vor Liebermanns Haus verläuft und am Wochenende oft von Tagesausflüglern genutzt wird, um zum unweit gelegenen Schwedenpavillon – einem beliebten Ausflugslokal am Wannsee – zu flanieren. Sommerlich warme Lichtstrahlen erhellen die Laubkronen der Bäume und tauchen das Bild in eine stimmungsvolle Atmosphäre. Die fein gekleideten Spaziergänger auf beiden Seiten der Straße scheinen ganz in sich vertieft, während ein Zweispanner aus der Straßenflucht auf den Betrachter zueilt. Die Details der Szene bleiben jedoch nur flüchtig angedeutet. So geht es Liebermann weniger um die Schilderung einer konkreten Szene als um das Einfangen der heiteren sonntäglichen Stimmung. Karl Scheffler, Zeitgenosse und Autor, schreibt in seiner Monographie dazu: »Man spürt auch, wie glücklich und freudig Liebermann sich hingibt, wenn er in der Natur seines geliebten Gartens oder in dessen schöner Umgebung malt, wenn er die Studie unmittelbar im Freien zum Bilde hinaufführt und mit der Weisheit eines fünfzigjährigen Könnens vor der Natur von der Natur zu abstrahieren weiß [...].«[1]

Charakteristisch für Liebermanns Schaffen ist, den Einklang von Mensch und Natur zum Ausdruck zu bringen und flüchtige Momente besonderer Schönheit mittels seiner meisterhaft impressionistischen Manier festzuhalten. So versteht Liebermann es, nur mit einer begrenzten Farbpalette zu arbeiten, um das Werk als geschlossene Einheit von der Außenwelt abzugrenzen. Auf diese Weise entstehen Werke der Ausgelassenheit und Freude, die, wie Scheffler es beschreibt, die »wunderbare Entmaterialisierung und atmosphärische[...] Schönheit«[2] einzufangen vermögen, wofür unsere Seestraße ein bezeichnendes Beispiel ist.

[1] Karl Scheffler, »Max Liebermann«, vierte überarbeitete Auflage, München 1922, S. 182.
[2] Ebd.

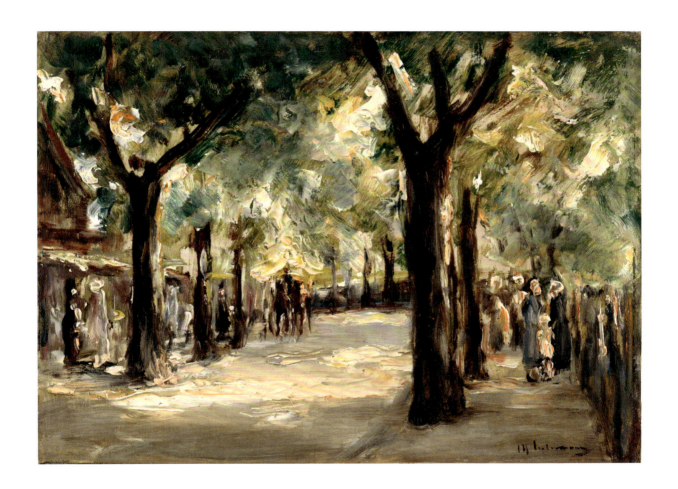

Renée Sintenis [1888 Glatz – 1965 Berlin]

Junger sitzender Terrier
Bronze /
Bronze
1925

h = 8,5 cm
Signiert mit dem Monogramm auf der Rückseite sowie mit dem Gießerstempel »H. Noack Berlin« auf der Unterseite versehen
Werkverzeichnis Buhlmann 1987 Nr. 95
Provenienz: Privatsammlung Berlin
Literatur: Gustav Eugen Diehl, »Renée Sintenis«, Berlin o.J. (1927), Abb. S. 38; Ursel Berger/Günter Ladwig (Hg.), »Renée Sintenis - Das plastische Werk«, Berlin 2013, Nr. 071; Britta E. Buhlmann, »Renée Sintenis – Werkmonographie der Skulpturen«, Darmstadt 1987, Nr. 95; Rudolf Hagelstange/Carl Georg Heise/Paul Appel, »Renée Sintenis«, Berlin 1947, Abb. S. 90; Hanna Kiel, »Renée Sintenis«, Berlin 1935, Abb. S. 43; René Crevel, »Renée Sintenis«, Paris 1930, Abb. S. 29; René Crevel/Georg Biermann, »Renée Sintenis«, Berlin 1930, Abb. Nr. 8; Der Querschnitt 7, 1927/II, Abb. S. 752b; Schlesische Monatshefte 4, 1927, Heft 12, Abb. S. 225
Ausstellungen: Galerie Pels-Leusden, »Der Anteil der Frau an der Kunst der 20er Jahre«, Berlin 1977

—

h = 8.5 cm | 3 1/3 in
Signed with the initials on the verso also with the foundry mark »H. Noack Berlin« on the bottom
Catalogue Raisonné by Buhlmann 1987 no. 95
Provenance: Private Collection Berlin
Literature: Gustav Eugen Diehl, »Renée Sintenis«, Berlin n.y. (1927), ill. p. 38; Ursel Berger/Günter Ladwig (ed.), »Renée Sintenis - Das plastische Werk«, Berlin 2013, no. 071; Britta E. Buhlmann, »Renée Sintenis – Werkmonographie der Skulpturen«, Darmstadt 1987, no. 95; Rudolf Hagelstange/Carl Georg Heise/Paul Appel, »Renée Sintenis«, Berlin 1947, ill. p. 90; Hanna Kiel, »Renée Sintenis«, Berlin 1935, ill. p. 43; René Crevel, »Renée Sintenis«, Paris 1930, ill. p. 29; René Crevel/Georg Biermann, »Renée Sintenis«, Berlin 1930, ill. no. 8; Der Querschnitt 7, 1927/II, ill. p. 752b; Schlesische Monatshefte 4, 1927, issue 12, ill. p. 225
Exhibited: Galerie Pels-Leusden, »Der Anteil der Frau an der Kunst der 20er Jahre«, Berlin 1977

Die am 20. März 1888 in Glatz/Schlesien geborene Renate Alice Sintenis zählt wohl zu den bedeutendsten Vertreterinnen der von Männern dominierten Bildhauerei des 20. Jahrhunderts. Als Ausnahmeerscheinung gehört sie zu jener Generation, die sich zu Beginn des Jahrhunderts ganz bewusst von Auftragsarbeiten abwendet und sich dem freien, individuellen Ausdruck im Medium der Bildhauerei widmet. Obwohl der Übergang zur freischaffenden Künstlerin nicht bruchlos verläuft, beginnt 1915 der berufliche Aufstieg. Es gelingt ihr, sich und ihre Kunst von der kommerziellen Produktion sogenannter »Ladenbronzen« abzugrenzen, indem sie Plastiken begrenzter Auflagen mithilfe von Kunsthändlern, darunter Gurlitt, Flechtheim oder Buchholz, auf den Markt bringt, um deren Exklusivität und Rarität zu betonen; sie zum Kunstwerk zu adeln.[1] Diese Abgrenzung vom bestehenden Markt für Kleinplastiken sowie die Spezialisierung auf Tiermotive, führen zu der starken Profilierung und ihrem einschneidenden Erfolg. Die Motivation zur Gestaltung von Tieren, die fortan zum Hauptmotiv ihres gesamten Werkes werden sollten, liegt in ihrer ganz persönlichen Verbundenheit zur Natur. Aufgewachsen im kleinstädtischen Neuruppin, wird Sintenis seit ihrer Kindheit von einer ländlich geprägten Welt beeinflusst, in der sie Zuflucht bei den Tieren findet. Nach der konzentrierten und unvoreingenommenen Beobachtung entstehen aus geschmeidigen Materialien wie Wachs und Gips die Modelle für spätere Bronzegüsse. Unter ihren Händen formen sich bewegte Plastiken, welche die den Tieren ureigenen Instinkte und Reflexe zum Ausdruck bringen. Seit den 1920ern entstehen einige wenige Hundefiguren. »Junger sitzender Terrier« zeigt einen aufmerksam wartenden Foxterrier, der mit offenem Blick den Austausch mit dem Betrachter sucht und wohl aus Liebe zu Sintenis' Wegbegleiter Philipp entstand. Seine Oberfläche wirkt durch die starke Durchbildung bewegt, das Fell wie frisch geschoren. Die warme, rötlichbraune Patina verleiht der Skulptur einen freundlichen Ausdruck. Durch die stilisierte Form versucht die Künstlerin den lebendigen Charakter des Tieres zu offenbaren. »Jedes Tier soll man in der ihm eigenen Schönheit entwickeln, dann gibt man ihm Erfüllung des Daseins, das Glück seines Lebens, die Beteiligung (sic!), die im Leben selber ruht, und die wir verlernt oder vergessen haben zu erfühlen.«[2]

1 Vgl. Ursel Berger/Günter Ladwig (Hg.), »Renée Sintenis - Das plastische Werk«, Berlin 2013, S. 13f.
2 Vgl. Britta E. Buhlmann, »Renée Sintenis. Werkmonographie der Skulpturen«, Darmstadt 1987, S. 53.

George Grosz [1893 Berlin – 1959 Berlin]

Indianer
Tusche auf Papier /
Indian ink on paper
1920

15,6 x 12 cm
Illustration für »Die Abenteuer des Herrn Tartarin aus Tarascon« von Alphonse Daudet, 1921
Aufgenommen in das in Vorbereitung befindliche Werkverzeichnis der Papierarbeiten von Ralph Jentsch
Expertise: Ralph Jentsch, Rom
Provenienz: Atelier des Künstlers (1920); Antiquariat Frank Albrecht, Schriesheim (1997); Sammlung Frank Whitford, Cambridge, England (bis 2014)
Literatur: George Grosz, »Ein kleines Ja und ein großes Nein. Sein Leben von ihm selbst erzählt«, Reinbek 1973, S. 73; Alphonse Daudet, »Die Abenteuer des Herrn Tartarin aus Tarascon«, Berlin 1921, S. 26

—

15.6 x 12 cm / 6 1/4 x 4 3/4 in
Illustration for »Aventures prodigieuses de Tartarin de Tarascon« by Alphonse Daudet, 1921
The work has been registered for the catalogue raisonné of the works on paper currently being prepared by Ralph Jentsch
Certificate of Authenticity by Ralph Jentsch, Rome
Provenance: The artist's studio (1920); Antiquariat Frank Albrecht, Schriesheim (1997); Collection Frank Whitford, Cambridge, England (until 2014)
Literature: George Grosz, »Ein kleines Ja und ein großes Nein. Sein Leben von ihm selbst erzählt«, Reinbek 1973, p. 73; Alphonse Daudet, »Die Abenteuer des Herrn Tartarin aus Tarascon«, Berlin 1921, p. 26

Tendenziell verbindet man mit George Grosz' Werken der 1920er Jahre vornehmlich Themen und Motive, die sich mit dem deutschen Zeitgeschehen, der Gesellschaft und vor allem der Politik auseinandersetzen. Zu Beginn dieses Jahrzehnts war die politische Situation in Berlin und die des Künstlers alles andere als ruhig und geordnet. Nachdem Grosz 1918 in die Kommunistische Partei Deutschlands eingetreten war und er bereits seit 1917 im Malik-Verlag Lithografie-Mappen und Zeitungen mit politisch-satirischem Inhalt veröffentlicht hatte, kam es 1920 – dem Entstehungsjahr unserer Tuschezeichnung »Indianer« – erstmalig zu einem Prozess wegen »Beleidigung der Reichswehr«[1] gegen ihn. Parallel zu seinen politischen Auseinandersetzungen entwarf der Künstler Bühnenbilder und Kostüme für Theaterstücke, die in Berlin aufgeführt wurden und illustrierte Kinderbücher.[2] Inspiration für seine Werke suchte er unter anderem in Kinderzeichnungen und Groschenromanen, wobei letztere häufig im Wilden Westen spielten.[3] So ist es nicht verwunderlich, dass die vorliegende Tuschezeichnung einen Indianer zeigt. Gerade zu Beginn des 20. Jhs. waren in Deutschland die amerikanischen Romane über »Lederstrumpf« sowie die Abenteuerromane von Karl May sehr beliebt und viele träumten deswegen vom »gelobten Land« Amerika.[4]

Unser »Indianer« gehört zu einer Gruppe von Zeichnungen, die der Illustration des Buches »Die Abenteuer des Helden Tartarin von Tarascon« von Alphonse Daudet dienten. Die Erzählungen spielen in einer kleinen Gemeinde in Südfrankreich, in der der Hauptcharakter Tartarin lebt. Im Dorf kursieren die wildesten Gerüchte über Tartarin, der als Held vieler Schlachten auf fernen Kontinenten und als erfolgreicher Jäger gefeiert wird. Doch schon bald wird dem Leser offenbart, dass seine ruhmreichen Taten hauptsächlich in Tartarins Phantasie passierten.[5] Der hier dargestellte Indianer, dem der Protagonist wohl in einer Schlacht im fernen Amerika begegnet sein möchte, ist den phantastischen Erzählungen Tartarins gemäß ebenso grotesk von Grosz gezeichnet worden. Im Profil offenbaren sich die mehr als markante Nase, der finstere Blick und die großen, strahlenden Zähne. Trotz des dramatischen Inhalts der Erzählungen Tartarins verheimlicht uns Grosz in dieser Zeichnung nicht das für ihn typische Augenzwinkern, mit dem er subtil in die Darstellung eingreift. So erscheint der finstere Indianer auf seine ganz eigene Art zwar listig, zugleich aber auch fröhlich. Die zerzausten Federn seines Kopfschmuckes, die ungeordneten Perlen und Tierzähne an seiner Halskette sowie die Gesichtsbemalung, die sich zu überdimensionierten Grübchen ausdehnt, unterstreichen das Gefühl, dass es sich bei dem Indianer nicht um einen blutrünstigen Krieger eines Geschichtsdramas, sondern vielmehr um einen fröhlichen Darsteller eines humorvollen Genres handelt.

1   Serge Sabarsky, »George Grosz: Die Berliner Jahre«, Hamburg 1986, S. 45.
2   Ebd., S. 18.
3   Ivo Kranzfelder, »George Grosz 1893-1959«, Köln 1993, S. 15.
4   Ivo Kranzfelder, »George Grosz 1893-1959«, Köln 1993, S. 17.
5   Vgl. Alphonse Daudet, »Tartarin von Tarascon«, Frankfurt am Main 1962.

George Grosz

[1893 Berlin – 1959 Berlin]

Café
Vorzeichnung zu dem gleichnamigen Ölgemälde
Tusche auf Velin /
Indian ink on Velin
1915

33 x 21 cm
Signiert, datiert und »108. Skizze z. Ölbild Kaffee« bezeichnet sowie rückseitig nochmals signiert, datiert und »No. 35« bezeichnet
Expertise: Ralph Jentsch, Rom
Provenienz: Serge Sabarsky Gallery, New York; Richard Nagy, London (2010); Sammlung Ahlers, Herford; Privatsammlung Norddeutschland
Literatur: Richard Nagy (Hg.), »George Grosz Berlin: Prostitutes, Politicians and Profiteers«, Ausst.-Kat., London 2013, Kat.-Nr. 7, S. 167; Ralph Jentsch (Hg.), »George Grosz. Deutschland, ein Wintermärchen. Aquarelle, Zeichnungen, Collagen, 1908-1958«, Ausst.-Kat., Max Ernst Museum Brühl des LVR, Brühl/Hannover 2011/12, Nr. 13, S. 68; Peter-Klaus Schuster (Hg.), »George Grosz. Berlin - New York«, Ausst.-Kat., Nationalgalerie, Berlin 1994, S. 319 mit Abb.; Serge Sabarsky, »George Grosz, die Berliner Jahre: Zeichnungen und Aquarelle«, Ausst.-Kat., Stiftung Wörlen/-Museum Moderner Kunst, Passau 1993, Nr. 8
Ausstellungen: Richard Nagy, »George Grosz Berlin: Prostitutes, Politicians and Profiteers«, London 2013; Stiftung Ahlers Pro Arte/Kestner Pro Arte, »George Grosz. Deutschland, ein Wintermärchen: Aquarelle, Zeichnungen, Collagen 1908-1958«, Hannover 2012; Max Ernst Museum Brühl des LVR, »George Grosz. Deutschland, ein Wintermärchen: Aquarelle, Zeichnungen, Collagen 1908-1958«, Brühl 2011; Musée-Galerie de la Seita, »George Grosz: les anées Berlinoises. Dessins et aquarelles de 1912 à 1931«, Paris 1995; Neue Nationalgalerie/Kunstsammlung Nordrhein-Westfalen/Staatsgalerie, »George Grosz. Berlin - New York«, Berlin/Düsseldorf/Stuttgart 1994; Josef Albers Museum/Quadrat in Bottrop, »George Grosz: Die Berliner Jahre. Zeichnungen und Aquarelle«, Bottrop 1993; Stiftung Wörlen/Museum Moderner Kunst Passau, »George Grosz: die Berliner Jahre. Zeichnungen und Aquarelle«, Passau 1993; Städtische Galerie Rosenheim, »George Grosz: Die Berliner Jahre. Zeichnungen und Aquarelle«, Rosenheim 1993; International Cultural Centre Kraków, »George Grosz: »Berlińskie lata«, Krakau 1992; BAWAG Foundation Wien, »George Grosz: Die Berliner Jahre. Zeichnungen und Aquarelle«, Wien 1992

—

33 x 21 cm | 13 x 8 1/4 in
Signed, dated and marked »108. Skizze z. Ölbild Kaffee«
Signed again, dated and marked »No. 35« on the verso
Certificate of Authenticity by Ralph Jentsch, Rom
Provenance: Serge Sabarsky Gallery, New York; Richard Nagy Ltd., London (2010); Ahlers Collection, Herford; Private Collection Northern Germany
Literature: Richard Nagy (ed.), »George Grosz Berlin: Prostitutes, Politicians and Profiteers«, exh.cat., London 2013, cat. no. 7, p. 167; Ralph Jentsch (ed.), »George Grosz. Deutschland, ein Wintermärchen. Aquarelle, Zeichnungen, Collagen, 1908-1958«, exh. cat., Max Ernst Museum Brühl des LVR, Brühl/Hanover 2011/12, no. 13, p. 68; Peter-Klaus Schuster (ed.), »George Grosz. Berlin - New York«, exh.cat., Nationalgalerie, Berlin 1994, p. 319 ill.; Serge Sabarsky, »George Grosz, die Berliner Jahre: Zeichnungen und Aquarelle«, exh.cat., Stiftung Wörlen/Museum Moderner Kunst, Passau 1993, no. 8
Exhibited: Richard Nagy, »George Grosz Berlin: Prostitutes, Politicians and Profiteers«, London 2013; Stiftung Ahlers Pro Arte/Kestner Pro Arte, »George Grosz. Deutschland, ein Wintermärchen: Aquarelle, Zeichnungen, Collagen 1908-1958«, Hanover 2012; Max Ernst Museum Brühl des LVR, »George Grosz. Deutschland, ein Wintermärchen: Aquarelle, Zeichnungen, Collagen 1908-1958«, Brühl 2011; Musée-Galerie de la Seita, »George Grosz: les anées Berlinoises. Dessins et aquarelles de 1912 à 1931«, Paris 1995; Neue Nationalgalerie/Kunstsammlung Nordrhein-Westfalen/Staatsgalerie, »George Grosz. Berlin - New York«, Berlin/Dusseldorf/Stuttgart 1994; Josef Albers Museum/Quadrat in Bottrop, »George Grosz: Die Berliner Jahre. Zeichnungen und Aquarelle«, Bottrop 1993; Stiftung Wörlen/Museum Moderner Kunst Passau, »George Grosz: die Berliner Jahre. Zeichnungen und Aquarelle«, Passau 1993; Städtische Galerie Rosenheim, »George Grosz: Die Berliner Jahre. Zeichnungen und Aquarelle«, Rosenheim 1993; International Cultural Centre Kraków, »George Grosz: Berlińskie lata«, Kraków 1992; BAWAG Foundation Vienna, »George Grosz: Die Berliner Jahre. Zeichnungen und Aquarelle«, Vienna 1992

»Realist der ich bin, dienen Rohrfeder und Tuschpinsel mir in erster Linie dazu aufzuzeichnen, was ich sehe und beobachte, und das ist meistens unromantisch, nüchtern und wenig traumhaft.«[1]
Der 1893 in Berlin geborene Künstler George Grosz[2] nutzt seine Zeichnungen, Aquarelle und Gemälde ganz bewusst auch als Mittel der politischen Aktion. In den Jahren des Ersten Weltkrieges und der Weimarer Republik tätig, wird sein Leben von politischen Umwälzungen geprägt. Nach den Wirren und Entbehrungen des Krieges, die für den antimilitaristisch denkenden Grosz äußerst traumatisch verlaufen, folgen die sozialen Unruhen der jungen Weimarer Republik. Grosz' Abneigungen ge-

gen den Militarismus und das kapitalistische System finden ihren Niederschlag im Erschaffen satirischer, zum Teil auch äußerst provokanter Werke.

Die vorliegende Tuschezeichnung ist ein typisches Beispiel aus der Hochzeit seiner Berliner Schaffensperiode und diente als Vorlage für das Ölgemälde »Café« (s. Abb.) aus demselben Jahr, welches heute im Hirshhorn Museum in Washington D.C. hängt. An drei Tischen skizziert Grosz Gäste eines Caféhauses mit wenigen präzisen Strichen. Während der ältere Herr im Vordergrund allein an seinem Tisch sitzt und nachdenklich rauchend vor seinem Getränk ausharrt, sind im Hintergrund zwei kleinere Gruppen im Gespräch vertieft. Der bucklige Bettler im Mittelgrund kehrt auch in anderen Werken des Künstlers in ähnlicher Form wieder.

Im Vergleich dazu versucht eine anonyme, zeitgenössische Bildbeschreibung die Atmosphäre des Ölbilds wie folgt einzufangen: »Lebecafé. Runde Tische umhergestreut; durchbrochene Stuhllehnen. Vier Gruppen, davon drei im Hintergrund. Alte Weißköpfe und -bärte, Sektgreise. Daneben der elegante Hengst mit zwei Lady-Stuten. Ober und Büfettdame hintergründig in jedem Betrachter. Aber vorn, schauerlich-vornehm distanziert, sitzt wieder so einer, bekleidetes Skelett, Zigarette im tödlich blasierten Kiefer, Schädel von knochenmagerer Hand gestützt; sehr schick selbstverständlich; Armbanduhr, nonchalante Schlotterschenkel: lang hingestreckt; zu Ende, doch noch zäh, noch vorletzter Wille; dicht hinter ihm gräßlicher Kopf eines Mißgebildeten. Die untere Ecke…zeigt ein zynisches Lebejünglingsprofil.«[3]

Grosz findet seine Motive vor allem in den Randzonen der Großstadt Berlin. Hier beobachtet er Flaneure und Nachtschwärmer und zeichnet in den Jahren 1914 bis 1917 vor allem Kaffehäuser und Straßenszenen. Das Gesehene bringt er mit kalkuliert gesetzten Linien und radikaler Härte aufs Papier. Die einzelnen Motive stehen dabei scheinbar unwillkürlich nebeneinander und bilden ein perspektivloses Gerüst, welches er aus den einzelnen Versatzstücken konstruiert. Der Verzicht auf die naturalistische Sehweise erlaubt es ihm, die Bildmotive nicht mehr nach einer konventionellen Ordnung aus-

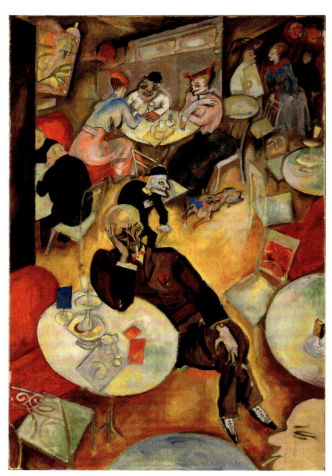

George Grosz, *Café*, 1915,
Öl und Kohle auf Leinwand, 61 × 40,3 cm
Im Bestand des Hirshhorn Museum and Sculpture Garden, Smithsonian Institution, Washington
Gift of the Joseph H. Hirshhorn Foundation, 1966

richten zu müssen, sondern sie frei auf dem Bildträger zu platzieren und sie vielmehr nach ihrem Sinnzusammenhang ordnen zu können.

Grosz' Werke – im Besonderen seine Zeichnungen und Aquarelle – sind vollkommen originär. Beeinflusst vom Expressionismus, Futurismus und Dadaismus, lassen sie sich keiner dieser künstlerischen Strömungen exakt zuordnen, sondern stellen eine einzigartige Sonderposition in der Kunstgeschichte dar. Auch motivisch gelingt es dem Gesellschaftskritiker Grosz wie keinem Zweiten, den Untergang des Wilhelminischen Kaiserreichs, die Wirren der Weimarer Republik und die Gefahren des Nationalsozialismus in seinen Blättern anschaulich zu machen. Er lehnt die gefällige l'art pour l'art ab. Vielmehr möchte er als Illustrator und Publizist an das öffentliche Gewissen appellieren. Seine Devise lautet von Anfang an: Gegen den Strich! Ihm geht es vorrangig darum, hinter die Fassade zu schauen und die dahinter liegende »Realität« zum Vorschein zu bringen: »Das Seltsame, Geheimnisvolle, oft bewusst Verrückte zog mich in seinen Bann. […] Ich wiederum hatte bei aller angeborenen Neigung zum Phantastischen und Grotesk-Satirischen einen ausgeprägten Sinn für die Wirklichkeit.«[4]

---

1 George Grosz, »Über alles die Liebe«, Berlin 1930, o.S.
2 Geboren als Georg Ehrenfried Groß ändert der Künstler 1916 seinen Namen in George Grosz.
3 Mynona: »George Grosz«, Dresden 1922, S. 46.
4 George Grosz, »Ein kleines Ja und ein großes Nein«, Reinbek 1974, S. 84 f.

Otto Dix

[1891 Untermhaus bei Gera – 1969 Singen/Hohentwiel]

Maud Arizona (Suleika, das tätowierte Wunder)
Radierung auf Papier /
Etching on paper
1922

Darstellung: 29,9 x 19,8 cm
Blatt: 49,8 x 43 cm
Signiert, »Suleika« betitelt und »37/50« nummeriert
Aus dem Zyklus »Zirkus«
Auflage: 50
Ein weiteres Exemplar befindet sich in der Sammlung des Museum of Modern Art, New York
Werkverzeichnis Karsch 1970 Nr. 36/II
Provenienz: Privatsammlung Kalifornien
Literatur: Kunsthandel Wolfgang Werner, »Otto Dix. ›Dame mit Nerz und Schleier‹. Aquarelle, Zeichnungen und Graphik um ein neu entdecktes Bild von 1920«, Ausst.-Kat., Berlin 1996, Abb. 11; Galerie Bayer, »Otto Dix. Gemälde. Aquarelle. Zeichnungen. Graphik«, Ausst.-Kat., Bietigheim-Bissingen 1993, S. 40 m. Abb.; Galerie Remmert und Barth (Hg.), »Otto Dix zum 100. Geburtstag. Graphiken der 20er Jahre«, Ausst.-Kat., Düsseldorf 1991, Nr. 15 m. Abb.; Ralph Jentsch/Serge Sabarsky (Hg.), »Otto Dix«, Ausst.-Kat., Kunsthalle Berlin/Museum des 20. Jahrhunderts, Wien/Kestner-Gesellschaft, Hannover, Stuttgart 1987, Abb. 155; Serge Sabarsky (Hg.), »Otto Dix", Ausst.-Kat., Museo d'arte contemporanea di Villa Croce, Genua 1986, Nr. 151 m. Abb.; Kunstgalerie Gera, »Otto Dix. Gemälde, Zeichnungen Graphik. Ausstellung zu seinem 90. Geburtstag«, Ausst.-Kat., Gera 1982, Nr. 81 m. Abb.; La Galleria del Naviglio, »opera grafica di otto dix«, Ausst.-Kat., Mailand 1980, Nr. 29 m. Abb.; Uwe M. Schneede (Hg.), »Otto Dix. Zeichnungen, Aquarelle, Grafiken, Kartons«, Ausst.-Kat., Kunstverein in Hamburg, Hamburg 1977, Nr. 60; Florian Karsch, »Otto Dix. Das grafische Werk, eingeleitet von Hans Kinkel«, Hannover 1970, S. 139, Tafel S. 59; Galerie Klihm, »Otto Dix. Aquarelle, Zeichnungen, Radierungen 1920-1927«, Ausst.-Kat., München 1970, Nr. 38 m. Abb.; Galerie Meta Nierendorf, »Otto Dix. Bilder, Aquarelle, Zeichnungen. Das Graphische Gesamtwerk 1913-1960«, Ausst.-Kat., Berlin 1961, Nr. 36 m. Abb.

—

Image: 29.9 x 19.8 cm | 11 3/4 x 7 3/4 in
Sheet: 49.8 x 43 cm | 19 2/3 x 17 in
Signed, titled »Suleika« and numbered »37/50«
From the cycle »Zirkus«
Edition of 50
A further copy is part of the collection of the Museum of Modern Art, New York
Catalogue Raisonné by Karsch 1970 no. 36/II
Provenance: Private Collection California

Literature: Kunsthandel Wolfgang Werner, »Otto Dix. ›Dame mit Nerz und Schleier‹. Aquarelle, Zeichnungen und Graphik um ein neu entdecktes Bild von 1920«, exh.cat., Berlin 1996, ill. 11; Galerie Bayer, »Otto Dix. Gemälde. Aquarelle. Zeichnungen. Graphik«, exh.cat., Bietigheim-Bissingen 1993, p. 40 ill.; Galerie Remmert und Barth (ed.), »Otto Dix zum 100. Geburtstag. Graphiken der 20er Jahre«, exh.cat., Dusseldorf 1991, no. 15 ill.; Ralph Jentsch/Serge Sabarsky (ed.), »Otto Dix«, exh.cat., Kunsthalle Berlin/Museum des 20. Jahrhunderts, Vienna/Kestner-Gesellschaft, Hannover, Stuttgart 1987, ill. 155; Serge Sabarsky (ed.), »Otto Dix«, exh.cat. Museo d'arte contemporanea di Villa Croce, Genua 1986, no. 151 ill.; Kunstgalerie Gera, »Otto Dix. Gemälde, Zeichnungen Graphik. Ausstellung zu seinem 90. Geburtstag«, exh.cat., Gera 1982, no. 81 ill.; La Galleria del Naviglio, »opera grafica di otto dix«, exh.cat, Mailand 1980, no. 29 ill.; Uwe M. Schneede (ed.), »Otto Dix. Zeichnungen, Aquarelle, Grafiken, Kartons«, exh.cat., Kunstverein in Hamburg, Hamburg 1977, no. 60; Florian Karsch, »Otto Dix. Das grafische Werk, eingeleitet von Hans Kinkel«, Hanover 1970, p. 139, plate p. 59; Galerie Klihm, »Otto Dix. Aquarelle, Zeichnungen, Radierungen 1920-1927«, exh.cat., Munich 1970, no. 38 ill.; Galerie Meta Nierendorf, »Otto Dix. Bilder, Aquarelle, Zeichnungen. Das Graphische Gesamtwerk 1913-1960«, exh.cat., Berlin 1961, no. 36 ill.

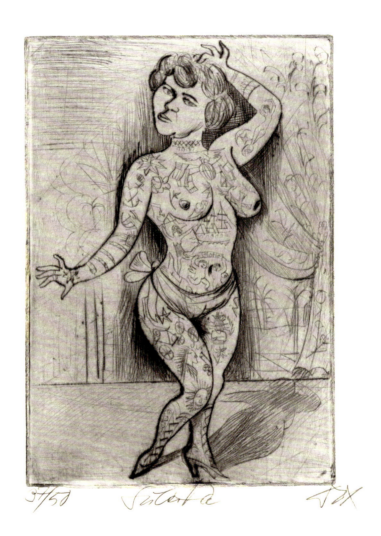

Otto Dix

[1891 Untermhaus bei Gera – 1969 Singen/Hohentwiel]

Frauenkopf
Kohle auf Papier /
Charcoal on paper
1919

41,5 x 32 cm
Signiert und »19« datiert sowie rückseitig von fremder Hand »135« nummeriert
Dieses Werk ist im Archiv der Otto Dix Stiftung, Vaduz, registriert als Nr. »EDV 1.1.30«
Expertise: Dr. Ulrike Lorenz, Mannheim
Provenienz: Selected Artists Gallery, New York; Privatsammlung Boston, Massachusetts
Literatur: Rhode Island School of Design, »1900 to Now: Modern Art from Rhode Island Collections«, Museum of Fine Art Providence, Ausst.-Kat., Rhode Island 1988, S. 44
Ausstellungen: Rhode Island School of Design, »1900 to Now: Modern Art from Rhode Island Collections«, Museum of Fine Art Providence, Rhode Island 1988

—

41.5 x 32 cm | 16 1/3 x 12 2/3 in
Signed and dated »19« also numbered »135« by a third hand on the verso
This work has been registered in the archive of the Otto Dix Stiftung, Vaduz, as no. »EDV 1.1.30«
Certificate of Authenticity by Dr. Ulrike Lorenz, Mannheim
Provenance: Selected Artists Gallery, New York; Private Collection Boston, Massachusetts
Literature: Rhode Island School of Design, »1900 to Now: Modern Art from Rhode Island Collections«, Museum of Fine Art Providence, exh.cat., Rhode Island 1988, p. 44
Exhibited: Rhode Island School of Design, »1900 to Now: Modern Art from Rhode Island Collections«, Museum of Fine Art Providence, Rhode Island 1988

Ein kräftiger Schattenwurf hinterfängt den weiblichen Kopf in Otto Dix' Kohlezeichnung »Frauenkopf« von 1919 und hebt ihn sanft von dem bräunlichen Papier ab. Gerade, scharfe Konturlinien entstehen durch die stark aufgedrückte Kohle und skizzieren grob die Umrisse der Portraitierten. Das Gesicht wird in einzelne Flächen aufgesplittert, die zusammengesetzt auf komplexe Art und Weise die Vielfalt des Frauenkopfes einfangen. Diese Zergliederung der einzelnen Gesichtspartien in geometrische Formen erinnert an Portraits, die Pablo Picasso um 1909 unter anderem von seiner Geliebten, Fernande Olivier, anfertigte. Damals stand Picasso im ständigen Austausch mit Georges Braque und beide entwickelten zu der Zeit das Formenrepertoire des analytischen Kubismus'. Das Verfahren der geometrischen Zersplitterung in Verbindung mit einem Frauenportrait blieb zunächst unverstanden, da es den Kritikern unmöglich erschien, dem Prädikat der Schönheit auf diese Weise Ausdruck zu verleihen. So wurde auch Picasso vorgeworfen, die Gesichter der Frauen durch seine malerischen Experimente entstellen zu wollen.

Otto Dix macht sich den Kubismus in seiner Zeichnung teilweise zu eigen, setzt sich aber mittels der weich mattierenden Schatten über das Regelwerk einer strengen Geometrisierung hinweg. Während zunächst die Charakteristika der Portraitierten in kräftigen Konturen umrissen werden, wird die Binnenform des Gesichtes vollständig mit sanften Schattierungen ausgefüllt. Die aufeinandertreffenden Linien auf den Wangen und oberhalb der Augenpartien lassen bei der Frau zwar Lebenserfahrung vermuten, doch heben die rahmenden Bogenlinien die Wangenknochen hervor und bilden zwei wohlgeformte Apfelbäckchen. Die helleren bis dunklen Gesichtspartien, die durch den unterschiedlichen Einsatz der Kohle entstehen, verleihen dem Gesicht nicht nur Dreidimensionalität, sondern lassen den Teint der Frau frisch erscheinen. Glatte Haut mit Rouge auf den Wangen, die Lippen voll, die Augen groß und mit geschminkten Konturen. Das Bild zeigt eine moderne und selbstbewusste Frau der Großstadt - eine Dame mit gewelltem, glänzendem Haar, das geschickt zu einer hohen Frisur zusammengesteckt wurde und deren malerisch geformte Locken die Herzform des Gesichts betonen.

Pablo Picasso,
Portrait de Fernande, 1909
Öl auf Leinwand,
61,8 x 43,2 x 1,8 cm
Im Bestand der Kunstsammlung Nordrhein-Westfalen, Düsseldorf

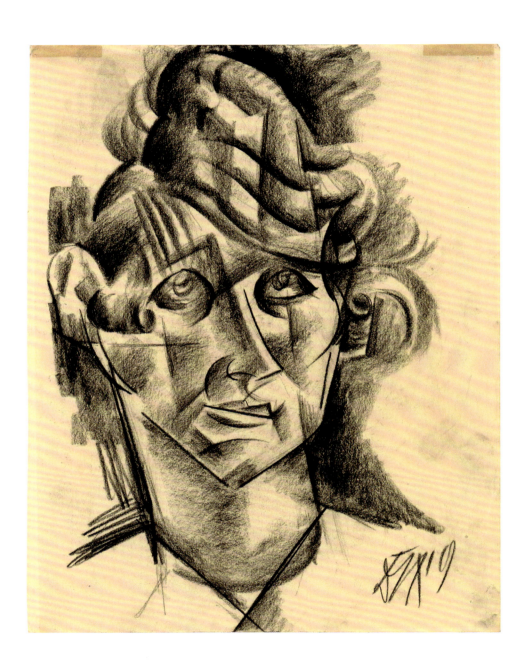

Auf den zweiten Blick erkennt man nun auch die
meisterlichen Feinheiten der Zeichnung, mit der die
Stimmung und die Persönlichkeit der Dargestellten
eingefangen wurden.

Renée Sintenis [1888 Glatz – 1965 Berlin]

Kniender Elefant
Bronze /
Bronze
1936

h = 7 cm
Signiert mit dem Monogramm am rechten Hinterhuf sowie mit dem Gießerstempel »H. Noack Berlin« auf der Unterseite versehen
Werkverzeichnis Buhlmann 1987 Nr. 222
Provenienz: Privatsammlung Berlin
Literatur: Ursel Berger/Günter Ladwig (Hg.), »Renée Sintenis – Das plastische Werk«, Berlin 2013, Nr. 155; Britta E. Buhlmann, »Renée Sintenis – Werkmonographie der Skulpturen«, Darmstadt 1987, Nr. 222; Senator für Volksbildung/Haus am Waldsee, »Renée Sintenis – Das plastische Werk, Zeichnungen, Graphik«, Ausst.-Kat., Berlin 1958, Nr. 64; Paul Appel, »Renée Sintenis«, Berlin 1947, Abb. S. 5
Ausstellungen: Haus am Waldsee, »Renée Sintenis – Das plastische Werk, Zeichnungen, Graphik«, Berlin 1958

—

h = 7 cm | h = 2 3/4 in
Signed with the initials on the right back hoof and also with the foundry mark »H. Noack Berlin« on the bottom
Catalogue Raisonné by Buhlmann 1987 no. 222
Provenance: Private Collection Berlin
Literature: Ursel Berger/Günter Ladwig (ed.), »Renée Sintenis - Das plastische Werk«, Berlin 2013, no. 155; Britta E. Buhlmann, »Renée Sintenis – Werkmonographie der Skulpturen«, Darmstadt 1987, no. 222; Senator für Volksbildung/Haus am Waldsee, »Renée Sintenis - Das plastische Werk, Zeichnungen, Graphik«, exh.cat., Berlin 1958, no. 64; Paul Appel, »Renée Sintenis«, Berlin 1947, ill. p. 5
Exhibited: Haus am Waldsee, »Renée Sintenis – Das plastische Werk, Zeichnungen, Graphik«, Berlin 1958

Käthe Kollwitz [1867 Königsberg – 1945 Moritzburg]

Kinderkopf – Lotte
Lithographie auf Japan /
Lithograph on Japan paper
vor / before 1925

Darstellung: 13,5 x 10,5 cm
Blatt: 25,5 x 19 cm
Signiert
Auflage: Eins von 100 Exemplaren auf Japan, erschienen als Frontispiz in »Käthe Kollwitz. Das Werk«, Dresden 1925
Werkverzeichnis Knesebeck 2002 Nr. 218 a; Werkverzeichnis Klipstein 1955 Nr. 213 a
Provenienz: Privatsammlung Rheinland
Literatur: Alexandra von dem Knesebeck, »Käthe Kollwitz - Werkverzeichnis der Graphik. Neubearbeitung des Verzeichnisses von August Klipstein«, Bern 2002, Nr. 218 a; August Klipstein, »Käthe Kollwitz - Verzeichnis des graphischen Werkes«, Bern 1955, Nr. 213 a

—

Image: 13.5 x 10.5 cm | 5 1/3 x 4 1/4 in
Sheet: 25.5 x 19 cm | 10 x 7 1/2 in
Signed
One of 100 copies on Japan paper, published as frontispiece in »Käthe Kollwitz. Das Werk«, Dresden 1925
Catalogue Raisonné by Knesebeck 2002 no. 218 a; Catalogue Raisonné by Klipstein 1955 no. 213 a
Provenance: Private Collection Rhineland
Literature: Alexandra von dem Knesebeck, »Käthe Kollwitz - Werkverzeichnis der Graphik. Neubearbeitung des Verzeichnisses von August Klipstein«, Bern 2002, no. 218 a; August Klipstein, »Käthe Kollwitz - Verzeichnis des graphischen Werkes«, Bern 1955, no. 213 a

Käthe Kollwitz [1867 Königsberg – 1945 Moritzburg]

Säugling im Schoß der Mutter
Kohle auf Velin /
Charcoal on Velin
1922

45,7 x 59 cm
Signiert und datiert
Werkverzeichnis Nagel 1972 Nr. 951
Provenienz: Galerie St. Etienne, New York (1956); Privatsammlung New York; Privatsammlung Süddeutschland
Literatur: Otto Nagel (Hg.), »Käthe Kollwitz. Die Handzeichnungen«, Berlin 1972, Nr. 951; Galerie St. Etienne, »Käthe Kollwitz. Drawings. Posters. Rare Prints«, Ausst.-Kat., New York 1956, Nr. 18

—

45.7 x 59 cm | 18 x 23 1/4 in
Signed and dated
Catalogue Raisonné by Nagel 1972 no. 951
Provenance: Galerie St. Etienne, New York (1956); Private Collection New York; Private Collection Southern Germany
Literature: Otto Nagel (ed.), »Käthe Kollwitz. Die Handzeichnungen«, Berlin 1972, no. 951; Galerie St. Etienne, »Käthe Kollwitz. Drawings. Posters. Rare Prints«, exh.cat., New York 1956, no. 18

Käthe Kollwitz zählt zu den bedeutendsten deutschen Künstlerinnen des 20. Jahrhunderts. Ihr Werk erfreut sich nach wie vor einer großen internationalen Wertschätzung. Es ist ihr Verdienst, entgegen modischer Strömungen stets soziale und persönliche Themen zum Ausdruck gebracht zu haben. In ständiger Reflexion über die bestmögliche Verbindung von Form und Inhalt, gilt sie als visuelle Rhetorikerin, die in der Zeichnung wie auch in der Skulptur emotional sehr positive und intime aber auch zutiefst erschütternde Momente festgehalten hat. Strebte sie zu Beginn ihrer künstlerischen Laufbahn noch eine Karriere als Malerin an, entwickelte sie sich unter Beeinflussung des Zeichenstils von Max Liebermann und Adolf Menzel zu einer energischen Vertreterin graphischer Kunst, mit der sie den urbanen Tragödien Ausdruck verlieh.
Insbesondere ihre persönliche Geschichte – der Verlust ihres 1914 in Flandern gefallenen Sohnes Peter – wird ihr Werk nachhaltig verändern. Fortan steht ihr Schaffen unter dem Vorzeichen des Existenziellen. Ihre Werke werden zu Stellvertretern von Mitgefühl, persönlichem Verlust und Trauer. Die Auseinandersetzung mit dem Tod, aber auch mit dem Leben, wird zum immer wiederkehrenden Motiv, die Konfrontation mit dem menschlichen Lebenszyklus unausweichlich.
Es gibt aber auch sehr positive Sujets, wie das Thema der Mutterschaft. So erweckt die Kohlezeichnung »Säugling im Schoß der Mutter« aus dem Jahre 1922 sentimentale Gefühle von Geborgenheit und Schutz. In zarter Manier legt Kollwitz den Fokus auf das wohlgenährte Neugeborene, das eingebettet in die rechte Hand der Mutter auf deren Schoß schläft. In Ruhe und Frieden befindet sich das Neugeborene am hoffnungsvollen Anfang seines Lebens. Die Gestik der Mutter, deren von weichen Stoffen umspielte Silhouette nur durch wenige, flüchtige Schraffuren angedeutet ist und die gesichtslos die Rolle der behütenden Versorgerin einnimmt, lässt keinen Rückschluss auf andere Emotionen als Zuneigung und Vertrauen zu.
Kollwitz bringt in der Zeichnung einen der seltenen, unbeschwerten Momente zur Darstellung, in denen die innige Beziehung zwischen Mutter und Kind auf sensible Art und Weise zum Ausdruck gebracht wird. Der Rückgriff auf die Technik der Kohlezeichnung wirkt im Vergleich zu den harten, emotionsgeladenen und sehr expressiven Holzschnitten, die in der Zeit nach der Ermordung des Marxisten und Antimilitaristen Karl Liebknechts im Jahr 1919 entstanden, wie ein Zugeständnis an das Leben; wie ein Moment des Glücks in besonders schweren Zeiten.

Lyonel Feininger [1871 New York – 1956 New York]

Ausfahrende Barke
Tusche und Aquarell auf Papier /
Indian ink and watercolour on paper
1931

30,5 x 47 cm
Signiert, »27 3 31« datiert und betitelt
Registriert im Archiv des Lyonel Feininger Project LLC New York/Berlin unter der Nr. 1384-07-23-15
Expertise: Achim Moeller, Geschäftsleiter des Lyonel Feininger Project LLC, New York
Provenienz: Willard Gallery, New York; Privatsammlung USA

—

30.5 x 47 cm | 12 x 18 1/2 in
Signed, dated »27 3 31« and titled
Registered at the Lyonel Feininger Project LLC New York/-Berlin as no. 1384-07-23-15
Certificate of Authenticity by Achim Moeller, director of the Lyonel Feininger Project LLC, New York
Provenance: Willard Gallery, New York; Private Collection USA

Lyonel Feininger zieht im Alter von 16 Jahren gemeinsam mit seinen deutschstämmigen Eltern aus den USA zurück in deren Heimatland. Dort arbeitet er zunächst als Grafiker und Karikaturist und widmet sich erst im Alter von 36 Jahren der Malerei. Als 1931 das Aquarell »Ausfahrende Barke« entsteht, wird Feininger unmittelbar mit der durch die Nationalsozialisten angeordneten Schließung des in Dessau ansässigen »Bauhauses« konfrontiert. 1918 war die Hochschule von ihm und Walter Gropius in Weimar gegründet worden und Feininger wurde Leiter der grafischen Werkstatt. In den darauffolgenden Jahren bestimmte er den Erfolg und Einfluss der weltweit bedeutenden Kunsthochschule maßgeblich mit. Zusammen mit Alexej von Jawlensky, Paul Klee und Wassily Kandinsky gründete er 1924 »Die Blauen Vier (Blue Four)«, insbesondere um Ausstellungen und Verkäufe in die USA zu vermitteln. Bereits seit dem Ende der 20er Jahre kann er schließlich auch auf dem amerikanischen Markt erste Erfolge verzeichnen.
In Feiningers gesamtem Œuvre nimmt die Themen- und Bildwelt von Meeres- und Küstenlandschaften, in denen sich Boote, Segelschiffe und Dampfer ihren Weg bahnen, eine zentrale Position ein. Seine Faszination liegt dabei in den sich ständig verändernden meteorologischen Phänomenen und Stimmungen auf hoher See, ebenso wie in den beeindruckenden Segel- und Schulschiffen begründet, die er bei seinen Atlantiküberfahrten miterlebt hat.
Unsere Aquarell- und Tuschezeichnung ist in mehrere, durch horizontale Linien angedeutete Ebenen geschichtet. In der vordersten erkennt man im Hellblau des Meeres die skizzenhaften Umrisse der obersten Segel eines Schiffes, das parallel zu der großen, dreimastigen Barke auf ruhiger See zu fahren scheint. In einer weiteren, durch die gebrochene Horizontlinie angedeuteten Ebene, ist ein weniger imposantes, wenngleich besegeltes Schiff auszumachen. Die wenigen, diagonalen Striche im Himmel geben sowohl die Wind-, als auch die Fahrtrichtung der Flotte an. Durch die präzise, geometrischkristalline Linienführung gliedert Feininger die Komposition. Feine Konturen umreißen sowohl die spiegelglatte Wasseroberfläche, als auch die Hauptmerkmale der Segelschiffe, die sich durch ihre kubistische Form und farbliche Fassung spannungsvoll von der übrigen Bildfläche abheben und an einigen Stellen durch weiche Farbübergänge mit ihr verschmelzen. Indem Feininger das Kolorit weitgehend auf kühle blaue und warme gelbliche Aquarelltöne reduziert, er die Linien im Himmel über der Barke verdichtet und ihre Bewegungsrichtung vertikalisiert, entsteht der Eindruck, als würden die Schiffe in eine gerade entstehende Wetterfront hineinfahren.
Die Zeichnung »Ausfahrende Barke« stellt auf diese Weise sehr eindrucksvoll die Besonderheiten von Feiningers Aquarelltechnik unter Beweis: Nachdem der Künstler den gesehenen Farbeindruck auf seine Skizzenblätter notiert, entwickelt er mit der Tuschefeder das kompositorische Gerüst, das er anschließend über die farbigen Flächen legt. Trotz der assoziativen Kraft, die diese linearen und menschenleeren Kompositionen innehaben, entführt uns Feininger stets auch in eine abstrakte Zwischenwelt, in der Formen zerlegt und anschließend zu einzigartigen, neuen Bildräumen zusammengefügt werden. Im Vordergrund steht dabei nicht die realistische Abbildung spezieller Schiffstypen oder die exakte Wiedergabe der umgebenden Natur, sondern die Einbeziehung des Betrachters in die Weite des Meeres und die Unendlichkeit der Natur.

Hans Purrmann [1880 Speyer – 1966 Basel]

Blick über Florenz
Öl auf Leinwand /
Oil on canvas
1935

73 x 99,5 cm
Signiert
Werkverzeichnis Lenz/Billeter 2004 Nr. 1935/04
Provenienz: Atelier des Künstlers; Rudolf Kellermann, Homberg/Ohm (1960); Privatsammlung Nordrhein-Westfalen; Privatsammlung Österreich; Privatsammlung Berlin
Literatur: Christian Lenz/Felix Billeter, »Hans Purrmann. Die Gemälde 1935 – 1966. Werkverzeichnis«, Bd. II, München 2004, Nr. 1935/04; Kunstverein Hannover, »Der Maler Hans Purrmann. Ölgemälde, Aquarelle, Zeichnungen und Graphik von 1898 – 1960«, Hannover 1960, Kat.-Nr. 74, mit Abb.
Ausstellungen: Kunstverein Hannover, »Der Maler Hans Purrmann. Ölgemälde, Aquarelle, Zeichnungen und Graphik von 1898 – 1960«, Hannover 1960

—

73 x 99.5 cm | 28 3/4 x 39 1/4 in
Signed
Catalogue Raisonné by Lenz/Billeter 2004 no. 1935/04
Provenance: The artist's studio; Rudolf Kellermann, Homberg/Ohm (1960); Private Collection North Rhine-Westphalia; Private Collection Austria; Private Collection Berlin
Literature: Christian Lenz/Felix Billeter, »Hans Purrmann. Die Gemälde 1935-1966. Werkverzeichnis«, vol. II, Munich 2004, no. 1935/04; Kunstverein Hannover, »Der Maler Hans Purrmann. Ölgemälde, Aquarelle, Zeichnungen und Graphik von 1898–1960«, Hanover 1960, cat. no. 74, ill.
Exhibited: Kunstverein Hannover, »Der Maler Hans Purrmann. Ölgemälde, Aquarelle, Zeichnungen und Graphik von 1898–1960«, Hanover 1960

Im Jahr 1935 übernimmt Hans Purrmann die ehrenamtliche Leitung der deutschen Künstlerstiftung in der Villa Romana in Florenz, die er bis 1943 innehaben wird. Die Villa Romana wurde 1905 von Max Klinger erworben und dient seitdem als Forum für deutsche Stipendiaten, die dort für ein Jahr unabhängig arbeiten dürfen. Dem Ruf nach Florenz folgte Purrmann gerne, verschärfte sich die politische Situation in Deutschland Mitte der dreißiger Jahre doch zusehends. Nur wenig später geriet auch Purrmann selbst ins Visier der systematischen Verfemung durch die Nationalsozialisten. Trotz sorgenvoller Gedanken an die Heimat begreift er den Aufenthalt jedoch als Chance, seine künstlerische Arbeit voranzutreiben: »Wenn ich auch nichts verkaufe, nicht ausgestellt werde, so verkomme ich wenigstens nicht an Leib und Seele.«[1] Schon früher unternahm Purrmann regelmäßig Reisen in den Süden Italiens, wo er sich von der Landschaft und den intensiven Farben inspirieren ließ. Hingerissen von der Schönheit der toskanischen Landschaft, entsteht in dieser Zeit auch unser Gemälde »Blick über Florenz«. Von einem erhöhten Standpunkt aus, einem Balkon der Villa Romana, hält Purrmann die Silhouette der Stadt Florenz fest; die Begrenzung am rechten Bildrand zeigt noch ein Stück der Häuserwand des Palazzos. Eindrucksvoll stellt die Arbeit dar, wie er das vorgefundene Motiv als wahres Naturereignis umsetzt. Intensive Grüntöne gestalten abwechslungsreich die vielfältige Vegetation der Umgebung. Akzentuiert wird die Landschaft durch das warme Ocker der Gehwege und Häuserdächer. Durch die topographischen Verhältnisse erscheint die Region wie eingebettet in ein Meer aus Grün, zwischen deren sanften Wogen die Gebäude auf- und abtauchen. Diese fließende Bewegung setzt sich in den Hügelformationen am Horizont fort und wird durch ihre bläuliche Einfärbung noch einmal intensiviert. In dieser Ausdehnung des Raumes zeigt sich die markante Florentiner Domkuppel als Orientierungspunkt für Künstler und Betrachter. Deutlich ist Purrmann darum bemüht, eine wissenschaftliche Perspektive mit klaren Linien und Fluchtpunkten zu vermeiden. Er versteht das Bild vielmehr als organisches Ganzes, sodass es aus sich selbst heraus wirke. Dass Purrmanns Bilder von einer gewissen Mystik zeugen, wird durch seine eigenen Worte am deutlichsten: »Das Bild muss eine Ordnung repräsentieren. Die Grenze zwischen Natur und Bild zu finden, ist das wichtigste. [...] Die Arbeit ist es, die Zeugnis davon ablegt, was einer gefühlt hat.«[2]

1   Hans Purrmann in einem Brief an Heinz Braune, Florenz, 22. Juli 1937, rezitiert in: Eduard Hindlang (Hg.), »Hans Purrmann 1880-1966 – Zum hundersten Geburtstag«, Ausst.Kat., Museum Langenargen, 1980 Langenargen, S. 74.
2   Hans Purrmann, zitiert in: Hindelang, S. 202.

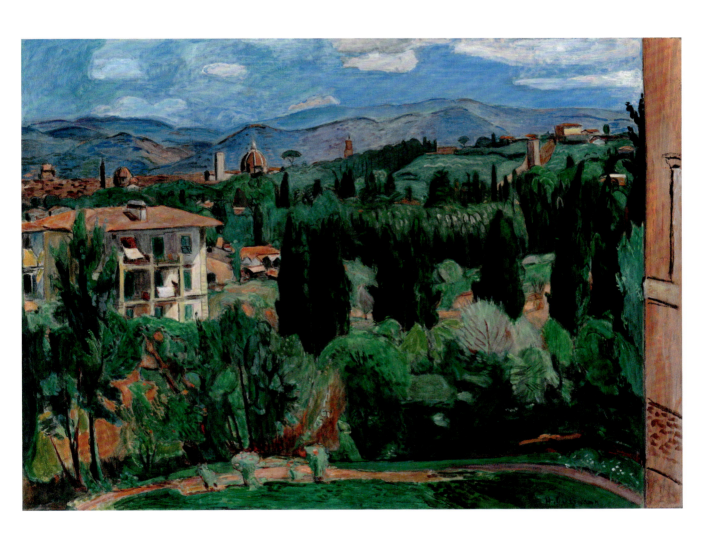

Erich Heckel [1883 Döbeln – 1970 Radolfzell]

Dorfstraße
Wachskreide auf Papier /
Wax crayon on paper
1907

36,5 x 45,7 cm
Signiert und »07« datiert
Rückseitig von Siddi Heckel betitelt
Expertise: Renate Ebner, Nachlass Erich Heckel, Hemmenhofen
Provenienz: Roman Norbert Ketterer, Campione d'Italia (1965); Privatsammlung Bremen; Privatsammlung London (seit den 1960er Jahren)
Literatur: Galerie Roman Norbert Ketterer/Galerie Wolfgang Ketterer/Kunstverein Hannover, »Erich Heckel. Gemälde, Aquarelle, Zeichnungen«, Ausst.-Kat., Campione d'Italia/München/Hannover 1966, Nr. 52, Abb. S. 60; Tate Gallery, »Painters of the Brücke«, Ausst.-Kat., London 1964, Nr. 12, S. 31; Folkwang Museum, »Brücke 1905-1913: eine Künstlergemeinschaft des Expressionismus«, Ausst.-Kat., Essen 1958, Nr. 18, S. 40; Städtisches Kunstmuseum Duisburg, »Erich Heckel«, Ausst.-Kat., Duisburg 1957, Nr. 69; Gerhard Wietek/Oldenburger Kunstverein (Hg.), »Maler der »Brücke« in Dangast 1907 bis 1912: Karl Schmidt-Rottluff, Erich Heckel, Max Pechstein, Emma Ritter«, Ausst.-Kat., Oldenburg 1957, Nr. 88, S. 91
Ausstellungen: Tate Gallery, »Painters of the Brücke«, London 1964; Folkwang Museum, »Brücke 1905-1913: eine Künstlergemeinschaft des Expressionismus«, Essen 1958; Oldenburger Kunstverein, »Maler der »Brücke« in Dangast 1907 bis 1912: Karl Schmidt-Rottluff, Erich Heckel, Max Pechstein, Emma Ritter«, Oldenburg 1957; Galerie Roman Norbert Ketterer/Galerie Wolfgang Ketterer/Kunstverein Hannover, »Erich Heckel. Gemälde, Aquarelle, Zeichnungen«, Campione d'Italia/München/Hannover 1966; Städtisches Kunstmuseum, »Erich Heckel«, Duisburg 1957

—

36.5 x 45.7 cm | 14 1/3 x 18 in
Signed and dated »07«
Titled by Siddi Heckel on the verso
Certificate of Authenticity by Renate Ebner, Erich Heckel Estate, Hemmenhofen
Provenance: Roman Norbert Ketterer, Campione d'Italia (1965); Private Collection Bremen; Private Collection London (since the 1960s)
Literature: Galerie Roman Norbert Ketterer/Galerie Wolfgang Ketterer/Kunstverein Hannover, »Erich Heckel. Gemälde, Aquarelle, Zeichnungen«, exh.cat., Campione d'Italia/Munich/Hanover 1966, no. 52, ill. p. 60; Tate Gallery, »Painters of the Brücke«, exh.cat., London 1964, no. 12, p. 31; Folkwang Museum, »Brücke 1905-1913: eine Künstlergemeinschaft des Expressionismus«, exh.cat., Essen 1958, no. 18, p. 40; Städtisches Kunstmuseum Duisburg, »Erich Heckel«, exh.cat., Duisburg 1957, no. 69; Gerhard Wietek/Oldenburger Kunstverein (ed.), »Maler der »Brücke« in Dangast 1907 bis 1912: Karl Schmidt-Rottluff, Erich Heckel, Max Pechstein, Emma Ritter«, exh.cat., Oldenburg 1957, no. 88, p. 91
Exhibited: Tate Gallery, »Painters of the Brücke«, London 1964; Folkwang Museum, »Brücke 1905-1913: eine Künstlergemeinschaft des Expressionismus«, Essen 1958; Oldenburger Kunstverein, »Maler der »Brücke« in Dangast 1907 bis 1912: Karl Schmidt-Rottluff, Erich Heckel, Max Pechstein, Emma Ritter«, Oldenburg 1957; Galerie Roman Norbert Ketterer/Galerie Wolfgang Ketterer/Kunstverein Hannover, »Erich Heckel. Gemälde, Aquarelle, Zeichnungen«, Campione d'Italia/Munich/Hanover 1966; Städtisches Kunstmuseum, »Erich Heckel«, Duisburg 1957

Als Gegenpol zur Großstadtbewegung suchen Heckel wie auch seine Künstlerfreunde die Abgeschiedenheit in der freien Natur. Heckel zieht es 1907 erstmals in den kleinen Fischerort Dangast am Jadebusen. Unsere Zeichnung »Dorfstraße« stammt aus eben diesem Jahr. Sie ist geprägt von dem ausdrucksstarken, unruhigen Malstil des erst 24-jährigen Heckel, der in schnellen Schraffuren das Motiv aufs Papier bringt. Unvermischt werden die kräftigen Farben mit Wachskreide aufgetragen und bilden einen kurzen aber intensiven Eindruck der Ortschaft ab. Besonders reizvoll ist der leuchtend gelbe Himmel, der die Morgendämmerung anzukündigt, die der im Vordergrund befindliche Bauer bereits für sein Frühwerk genutzt zu haben scheint. Erst durch die schwarze Konturierung der Farbflächen gibt sich das konkrete Motiv zu erkennen. Es spiegelt die Stimmung Heckels in der bewusst gewählten Einsamkeit, die er im Dorf erlebt, wider. Die Kargheit der dörflichen Umgebung wird durch das Leuchten der Gelb- und Orangetöne, die der Zeichnung etwas Lebhaftes, Strahlendes verleihen, aufgehoben. Die Eindrücke seiner Reisen durch die Landschaft dienten ihm als Inspiration. Die Tatsache, dass Heckel die einsame Dorfstraße keineswegs als mager, sondern eher als intensiv erlebten, warmen Ort schildert, erlaubt die Einschätzung, dass der aus der sächsischen Kleinstadt Döbeln stammende Heckel sich in dem einfachen dörflichen Leben durchaus wohlgefühlt, vielleicht sogar wiedererkannt haben mag.

Erich Heckel [1883 Döbeln – 1970 Radolfzell]

Liegender weiblicher Akt mit Hund
Tusche und Farbkreide auf Postkarte /
Indian ink and coloured crayon on postcard
ca. 1911

9 x 14 cm
Rückseitig eine von Ernst Ludwig Kirchner geschriebene und auch von Erich Heckel unterschriebene Postkarte, adressiert an Käthe Bleichröder, Hamburg: »Ihre liebenswürdige Karte hat mich sehr erfreut. In der Stilleben-Ausstellung bei Commeter sind 3 Arbeiten von mir. Wenn Sie sie sehen bin ich begierig zu hören wie sie Ihnen gefallen Frdl. Gruss Ihr EL Kirchner / Besten Gruss E Heckel«
Aufgenommen in das Werk-Archiv der Erich Heckel Stiftung, Hemmenhofen
Provenienz: Sammlung Käthe Bleichröder, Hamburg; Nachlass Elsa Hopf, Hamburg
Literatur: Sabine Schulze (Hg.), »Rosa. Eigenartig Grün. Rosa Schapire und die Expressionisten«, Ausst.-Kat., Museum für Kunst und Gewerbe Hamburg, Ostfildern 2009, S. 317
Ausstellungen: Museum für Kunst und Gewerbe Hamburg/ Kunstsammlungen Chemnitz, »Rosa. Eigenartig Grün. Rosa Schapire und die Expressionisten«, Hamburg/Chemnitz 2009/2010

—

9 x 14 cm | 3 1/2 x 5 1/2 in
Artist's postcard handwritten by Ernst Ludwig Kirchner and also signed by Erich Heckel, addressed to Käthe Bleichröder, Hamburg on the verso: »Ihre liebenswürdige Karte hat mich sehr erfreut. In der Stilleben-Ausstellung bei Commeter sind 3 Arbeiten von mir. Wenn Sie sie sehen bin ich begierig zu hören wie sie Ihnen gefallen Frdl. Gruss Ihr EL Kirchner / Besten Gruss E Heckel«
Registered in the work archive of the Erich Heckel Stiftung, Hemmenhofen
Provenance: Collection Käthe Bleichröder, Hamburg; Elsa Hopf Estate, Hamburg
Literature: Sabine Schulze (ed.), »Rosa. Eigenartig Grün. Rosa Schapire und die Expressionisten«, exh.cat., Museum für Kunst und Gewerbe Hamburg, Ostfildern 2009, p. 317
Exhibited: Museum für Kunst und Gewerbe Hamburg/Kunstsammlungen Chemnitz, »Rosa. Eigenartig Grün. Rosa Schapire und die Expressionisten«, Hamburg/Chemnitz 2009/2010

Rückseite / verso

Originalgröße / real size

Ernst Ludwig Kirchner [1880 Aschaffenburg – 1938 Davos]

Zwei am Zelt (Am Ufer)
Farbkreide auf Papier /
Coloured crayon on paper
ca. 1911

25,4 x 34 cm
Rückseitig mit dem Basler Nachlassstempel versehen und
»FS Dre/Bf 17«, »K 6586« sowie »6235« nummeriert
Dieses Werk ist im Ernst Ludwig Kirchner Archiv Wichtrach/
Bern dokumentiert
Provenienz: Nachlass des Künstlers; Galerie Nierendorf, Berlin (1963/1969); Privatsammlung Berlin
Literatur: Galerie Nierendorf, Ausst.-Kat., Berlin 1963/1969, o.S. m. Abb.

—

25.4 x 34 cm | 10 x 13 1/2 in
Stamped with the Basel estate stamp and numbered »FS Dre/Bf 17«, »K 6586« and »6235« on the verso
The work has been registered by the Ernst Ludwig Kirchner Archiv Wichtrach/Bern
Provenance: Estate of the artist; Galerie Nierendorf, Berlin (1963/1969); Private Collection Berlin
Literature: Galerie Nierendorf, exh.cat., Berlin 1963/1969, n.pag. ill.

Ernst Ludwig Kirchner [1880 Aschaffenburg – 1938 Davos]

Paar im Gespräch, Erna und Gewecke
Bleistift auf Velin / Pencil on Velin
ca. 1912

28 x 36 cm
Rückseitig mit dem Basler Nachlassstempel versehen und (irrtümlich, weil vermutlich in Berlin entstanden) »B Dre/Bi 139« sowie »K 2415«, »C 1069« und »2040« nummeriert
Dieses Werk ist im Ernst Ludwig Kirchner Archiv Wichtrach/Bern dokumentiert
Provenienz: Nachlass des Künstlers; Kunsthandel Wolfgang Werner, Bremen (1980); Galerie Helen Serger La Boetie, New York (1984); Galerie Ilse Schweinsteiger, München (1993); Galerie Kornfeld, Bern (2003); Privatsammlung Bern
Literatur: Galerie Welz, »Ernst Ludwig Kirchner (1880 - 1938) Ölbilder - Aquarelle - Zeichnungen«, Auss.-Kat., Salzburg 1995, Kat. Nr. 16 mit Abb.; Galerie Ilse Schweinsteiger, Auss.-Kat., München 1993, o. S.; Kunsthandel Wolfgang Werner, »Max Pechstein - Brücke period and works by Heckel, Nolde, Kirchner, Schmidt-Rottluff«, Auss.-Kat., Bremen 1984, Kat. Nr. 20 mit Abb.; Galerie Helen Serger/La Boetie, »Max Pechstein and works by Heckel, Nolde, Kirschner, Schmidt-Rottluff. In collaboration with Kunsthandel Wolfgang Werner KG«, Auss.-Kat., New York 1984, o. S.; Kunsthandel Wolfgang Werner, »Ernst Ludwig Kirchner. Zeichnung, Druckgraphik. Ausstellung zum 100. Geburtstag«, Auss.-Kat., Bremen 1980, Kat. Nr. 23 mit Abb.

—

28 x 36 cm | 11 x 14 1/4 in
Stamped with the Basel estate stamp and numbered (by mistake as it was likely executed in Berlin) »B Dre/Bi 139« also »K 2415«, »C 1069« and »2040« on the verso
The work has been registered by the Ernst Ludwig Kirchner Archiv, Wichtrach/Bern
Provenance: Estate of the artist; Kunsthandel Wolfgang Werner, Bremen (1980); Galerie Helen Serger La Boetie, New York (1984); Galerie Ilse Schweinsteiger, Munich (1993); Galerie Kornfeld Berlin, Bern (2003); Private Collection Bern
Literature: Galerie Welz, »Ernst Ludwig Kirchner (1880 - 1938) Ölbilder - Aquarelle - Zeichnungen«, exh.cat., Salzburg 1995, Kat. no. 16 ill.; Galerie Ilse Schweinsteiger, exh.cat., Munich 1993, n. pag.; Kunsthandel Wolfgang Werner, »Max Pechstein - Brücke period and works by Heckel, Nolde, Kirchner, Schmidt-Rottluff«, exh.cat., Bremen 1984, cat. no. 20 ill.; Galerie Helen Serger/La Boetie, »Max Pechstein and works by Heckel, Nolde, Kirschner, Schmidt-Rottluff. In collaboration with Kunsthandel Wolfgang Werner KG«, exh.cat., New York 1984, n. pag.; Kunsthandel Wolfgang Werner, »Ernst Ludwig Kirchner. Zeichnung, Druckgraphik. Ausstellung zum 100. Geburtstag«, exh.cat., Bremen 1980, cat. no. 23 ill.

Am 7. Juni 1905 gründet Ernst Ludwig Kirchner zusammen mit Erich Heckel, Karl Schmidt-Rottluff und Fritz Bleyl in Dresden die Künstlervereinigung »Die Brücke«, die den Expressionismus in Deutschland ausschlaggebend prägt und einen großen Einfluss auf die moderne Malerei des 20. Jahrhunderts hat. Inspiriert von den französischen Fauves, aber auch von skandinavischen Malern wie Edvard Munch, entwickelt Kirchner in dieser wichtigen frühen Schaffensphase einen ganz eigenständigen, innovativen und ausdrucksstarken Stil, der seine Arbeiten unverkennbar macht und viele nachfolgende Künstler inspiriert.
Unsere Bleistiftzeichnung »Paar im Gespräch, Erna und Gewecke« entsteht in demselben Jahr, in dem Kirchner die Berliner Tänzerin Erna Schilling kennenlernt, die ihm nach Davos folgt und bis zu seinem Tod im Jahr 1938 als Lebensgefährtin an seiner Seite steht. Mit raschem Strich und sicheren Linien ist das auf einem Divan sitzende Paar gezeichnet. Erna stützt sich auf ihre rechte Hand, die sich wiederum auf dem Knie des neben ihr befindlichen Gesprächspartners und guten Freundes Hans Gewecke – einem Schüler Ernst Ludwig Kirchners – befindet. Die Beine hat Erna angewinkelt zur anderen Seite abgelegt. Die linke Hand greift an die linke Fessel, wo Erna ebenfalls Halt sucht.
Während die junge Frau mit Rock und Bluse eher leger gekleidet ist, hat Gewecke noch nicht einmal sein Jackett ausgezogen, um es sich gemütlich zu machen. Anders als die ausbalanciert positionierte Erna sitzt Gewecke mit aufrechter Haltung und übereinander geschlagenen Beinen eher steif neben der Partnerin Kirchners. Er scheint die Nähe Ernas zwar zu genießen, die spontane Berührung aber mit einem gewissen Erstaunen aufzunehmen. Während seine rechte Hand in der Hosentasche verweilt, hat er die linke gestikulierend erhoben. Die Blicke der beiden sind dem Künstler bzw. dem Betrachter zugerichtet und beziehen diesen hierdurch in die intime Situation mit ein.
Kräftige schwarze Linien geben der Darstellung Form und Halt. Es sind aber nicht allein die markanten Umrisslinien, die der Darstellung den für Kirchner typi-

schen Charakter verleihen. Die Spannung erzeugt der Künstler vielmehr mit mehreren sehr unruhigen, geschwungenen Linien.

Über die exakte Umgebung lässt uns Kirchner im Unklaren. Er blendet das Mobiliar und die Umgebung aus und konzentriert sich allein auf die Darstellung des Paares. Hierdurch verleiht er der energiegeladenen Situation eine große Leichtigkeit, die den herausragenden Expressionisten verrät.

Kirchner hat sein Skizzenbuch stets zur Hand, um Situationen und Erlebnisse mit dem Stift rasch einzufangen. Sein Augenmerk richtet sich dabei vor allem auf die Gesamtheit von Figur, Raum und Bewegung. Die schnelle Notation des Wahrgenommenen bleibt für Kirchner in allen Schaffensphasen bedeutungsvoll: »Ich lernte den ersten Wurf schätzen, so dass die ersten Skizzen und Zeichnungen für mich den großen Wert hatten. Was habe ich mich oft geschunden, das bewusst zu vollenden auf der Leinwand, was ich ohne Mühe in Trance auf der Skizze ohne weiteres hingeworfen hatte.«[1]

1 Ernst Ludwig Kirchner, »Die Arbeit E. L. Kirchners«, um 1925/26, in: Eberhard W. Kornfeld, »Ernst Ludwig Kirchner. Nachzeichnungen seines Lebens«, Bern 1979, rezitiert in: Magdalena M. Moeller/Roland Scotti (Hg.), »Ernst Ludwig Kirchner – Gemälde, Aquarelle, Zeichnungen und Druckgrafik – Eine Ausstellung zum 60. Todestag«, Ausst.-Kat., München 1998, S. 12.

Hermann Max Pechstein [1881 Zwickau – 1955 Berlin]

Mühle und Ruderboot
Aquarell und Gouache auf Karton /
Watercolour and gouache on card
1931

49,3 x 62 cm
Signiert und datiert
Expertise: Alexander Pechstein, Dobersdorf
Provenienz: Sammlung Norman E. Mack II., USA

—

49.3 x 62 cm | 19 1/2 x 24 1/2 in
Signed and dated
Certificate of Authenticity by Alexander Pechstein, Dobersdorf
Provenance: Collection Norman E. Mack II., USA

In einem Brief an George Grosz aus dem Jahr 1927 schreibt Hermann Max Pechstein: »So habe ich erneut an der Ostsee Quartier gesucht, es ist in Rowe, ein Ort ganz abgelegen, wie vergessen von der Zeit, wir wirtschaften selbst, also hat Marta reichlich Arbeit. Leider ist das Wetter kalt, und stürmisch. Zwischen den verschiedentlichen Regenschauern versuche ich zu arbeiten.«[1]
Seit 1927 besucht Hermann Max Pechstein mit seiner zweiten Frau Marta Möller regelmäßig den kleinen, im heutigen Polen gelegenen Ort am Ufer der Lupow. Auch hier – gleich seinen Sommeraufenthalten in Leba oder Nidden – kann er sich ungestört zurückziehen, um zu arbeiten und findet in den Dünenlandschaften und der rauen See eine stetige künstlerische Inspiration. Unser Aquarell zeigt jenes einfache aber auch idyllische Leben, das ihn so fasziniert. Dargestellt ist eine stimmungsvolle Szene am frühen Abend. Im Vordergrund liegt ein Boot auf ruhigem Wasser. Die Reusen der Fischer sind zum Trocknen in der Abendsonne aufgehangen. Holzstelen zur Befestigung eines Stegs ragen aus dem Wasser und setzen sich vor dem leicht aufsteigenden, braunen Ufer ab. Teils von Bäumen verdeckt, liegt im Zentrum der Darstellung eine Holzhütte. Hinter dieser sind der Giebel eines weiteren Hauses und das Blau des Himmels sichtbar. Mit starkem Strich rhythmisiert Pechstein die Bildfläche in mehrheitlich gedeckten Farben. Lediglich die Blüten des Apfelbaumes und die Blumen vor der Hütte akzentuiert er in einem intensiven Rot.
Als Hauptvertreter des deutschen Expressionismus ist Pechstein in zahlreichen Sammlungen internationaler Museen vertreten. Nach seinem Austritt aus der Künstlergruppierung »Brücke« im Jahr 1912 arbeitet Pechstein künstlerisch unabhängig und abseits der Großstadt, immer mehr zieht es ihn an die abgelegenen Orte in Pommern. In stiller Zwiesprache mit der Landschaft schafft Pechstein hier einen einzigartigen Werkzyklus, der seine Vorliebe und Verbundenheit mit dieser Gegend deutlich zum Ausdruck bringt.

1 Peter Thurmann/Aya Soika/Andrea Madesta (Hg.), »Max Pechstein – Ein Expressionist aus Leidenschaft. Retrospektive«, Ausst.-Kat., Kiel 2010, S. 304.

Hermann Max Pechstein [1881 Zwickau – 1955 Berlin]

Bildnis einer Frau
Aquarell und Gouache auf Papier /
Watercolour and gouache on paper
1923

65 x 50 cm
Signiert und datiert
Authentizitäts-Gutachten: Alexander Pechstein, Dobersdorf
Provenienz: Galerie Koller, Zürich (1975); Privatsammlung Schweiz

—

65 x 50 cm | 25 2/3 x 19 2/3 in
Signed and dated
Authenticity report: Alexander Pechstein, Dobersdorf
Provenance: Galerie Koller, Zurich (1975); Private Collection Switzerland

Am 21. September 1923 heiratet Max Pechstein seine zweite Ehefrau Marta Möller, die er in Leba in Hinterpommern kennengelernt hatte. Zwei Jahre zuvor führte es ihn bereits zum Arbeiten während der Sommermonate in den Kurort an der Ostseeküste. Die sommerlichen Aufenthalte in Leba sind von einer besonders glücklichen Stimmung geprägt und erweisen sich rückblickend betrachtet als äußerst fruchtbare Schaffensperiode.
Unser Aquarell »Bildnis einer Frau« aus dem Jahr 1923 zeigt das nahezu lebensgroße Portrait einer unbekannten Dame. In eleganter Kleidung sitzt die Portraitierte dem Betrachter frontal gegenüber. Die rechte Hand auf ihrer Brust ruhend und den Blick gesenkt, scheint sie gänzlich in Gedanken versunken. Die vollen Lippen deuten ein sanftes Lächeln an, als erinnere sich die Dargestellte an etwas besonders Schönes. Die Situation scheint wie von Kerzenschein beleuchtet. Hierdurch erzeugt Pechstein eine ausgeprägte Innigkeit. Ob es sich bei der Dargestellten womöglich um Marta handelt, bleibt offen, doch spricht die intime Szene von einem durchaus engen Verhältnis zwischen Maler und Modell, wofür auch der zur Bildmitte hin, sehr zentral platzierte goldene Ring sprechen könnte.
Auffällig im Werk des Künstlers ist das Experimentieren mit floralen Mustern und Stoffen, die er vermehrt in seine Stillleben des gleichen Jahres integriert. Das Ornament der Stoffe wird zu einem selbstbehauptenden Bildgegenstand, was sich auch in unserem Aquarell erkennen lässt. Anstelle eines portraittypischen monochromen Hintergrundes setzt Pechstein die Frau vor eine belebte Kulisse aus Farben und Stoffen. Ihr Kleid führt die florale Musterung fort. Inmitten des abstrakten Ornaments setzt sich ihr Kopf deutlich von dem Hintergrund ab. Ihr Kopf scheint zu leuchten, wodurch Pechstein der Dargestellten eine mariengleiche Anmutung zuteilwerden lässt.
In jener Schaffensphase hat Pechstein seine dramatische Farbgebung zugunsten einer farbintensiven, neuen Form der Leichtigkeit aufgegeben. Anstelle kräftiger Kontraste und Konturen setzt Pechstein in seinem Aquarell auf den harmonischen Gleichklang der Farbtöne, die er weiterhin in komplementärer Nachbarschaft zueinander setzt. Seine Werke dieser Zeit sind weniger Schilderungen des Erlebens flüchtiger Augenblicke und Emotionen. Vielmehr sind sie Ausdruck des Verlangens, der Szene in ihrer Gänze malerisch gerecht zu werden und mehr zu schaffen als eine Notiz. Obwohl die Dargestellte nicht eindeutig identifiziert werden kann, muss das Bild als Zeugnis einer wie auch immer gearteten Form der Zuneigung und Verbindung zwischen den beiden gewertet werden. Auf diese Weise steht unser »Bildnis einer Frau« exemplarisch dafür, wie sich der Expressionismus Pechsteins in dieser Phase noch einmal weiterentwickelt und mittels seiner wohl durchdachten Komposition und einer gewachsenen Farbpalette Zeugnisse von großer Aufrichtigkeit und Zärtlichkeit zu Schaffen ersucht.

Hermann Max Pechstein [1881 Zwickau – 1955 Berlin]

Angler am Lebastrom
Aquarell auf Papier /
Watercolour on paper
1936

61 x 76 cm
Signiert und datiert
Expertise: Alexander Pechstein, Dobersdorf
Provenienz: Galerie Paul Vallotton, Lausanne (Nr. 6608 C);
Privatsammlung Schweiz

—

61 x 76 cm | 24 x 30 in
Signed and dated
Certificate of Authenticity by Alexander Pechstein, Dobersdorf
Provenance: Galerie Paul Vallotton, Lausanne (no. 6608 C);
Private Collection Switzerland

Emil Nolde

[1867 Nolde – 1956 Seebüll]

Nordfriesisches Gehöft
Aquarell auf Japan /
Watercolour on Japan paper
ca. 1935/40

22,8 x 27,3 cm
Signiert
Expertise: Prof. Dr. Manfred Reuther, ehemaliger Direktor der Stiftung Seebüll Ada und Emil Nolde, Seebüll
Provenienz: Parke-Bernet Galleries, New York; Marlborough Gallery, London (1967); Privatsammlung Hamburg

—

22.8 x 27.3 cm | 9 x 10 3/4 in
Signed
Certificate of Authenticity by Prof. Dr. Manfred Reuther, former director of Stiftung Seebüll Ada und Emil Nolde, Seebüll
Provenance: Parke-Bernet Galleries, New York; Marlborough Gallery, London (1967); Private Collection Hamburg

Im Œuvre Emil Noldes stellen die flachen, weiten Marschlandschaften ein stetig wiederkehrendes Motiv von zentraler Bedeutung dar. Nolde war in dem heute dänischen Ort Nolde als Emil Hansen geboren worden. Nach einer Ausbildung zum Möbelzeichner zieht es ihn unter anderem nach St. Gallen, wo er Zeichnung und Grafik unterrichtet. Die Künstler der »Brücke« sind von seinem Schaffen derart begeistert, dass sie ihn einladen, Mitglied der berühmten Künstlervereinigung zu werden. Nolde nimmt diese Einladung an und wird für einen kurzen Zeitraum aktives Mitglied. Er zieht mit seiner Frau Ada nach Berlin, wo er im Winter 1910/11 sehr intensiv das Berliner Nachtleben dokumentiert. Bald darauf kehrt Nolde jedoch in den Norden – seine Heimat – zurück. Nach langem Suchen erwirbt er in Seebüll – südlich der Grenze zu Dänemark – eine Warft mit Bauernhof, auf der er sich nach seinen Entwürfen von 1927 bis 1937 ein Wohn- und Atelierhaus errichten lässt. In Seebüll entstehen bis zu seinem Tod 1956 seine schönsten Landschaftsdarstellungen, die seine lebenslange Faszination von der norddeutschen Landschaft und den mannigfaltigen Wetterphänomenen dort zum Ausdruck bringen.
Unser Blatt »Nordfriesisches Gehöft« malt Nolde in den Dämmerstunden. Nahe dem Meer fängt der Künstler die Stimmung des nordischen Landstriches ein. Eingebettet in die weite Graslandschaft liegt am Horizont das Gehöft. Der Tageshimmel wird zurückgedrängt und macht der kommenden Abendröte Platz. Die changierenden Himmelsformationen türmen sich hinter dem flachen Gebäude auf. Wie nach einem Sommergewitter reißt der Himmel in der Mitte des Bildes auf. Die Wolken schieben sich zur Seite und das Licht, der hinter den Wolken versteckten Sonne, taucht den gesamten Landstrich in ein magisches Glühen. Grün und saftig erstrahlen die durch den Regen getränkten Weiden. Tief bewegt von diesen Impressionen der unterschiedlichen Tages- und Jahreszeiten entstehen Aquarelle von äußerst starker Intensität und entfesselter Farbgewalt. Dazu trägt auch Noldes technische Perfektion in der Aquarellmalerei bei. Der Künstler erinnert sich selbst: »Von der intimen, aber etwas kleinlich tiftelnden Art meiner frühesten Aquarelle arbeitete ich in unendlichem Mühen mich durch zu der freieren, breiteren und flüssigen Darstellung, die ein besonderes, gründliches Verstehen und Eingehen auf Struktur und Art der Papiere und die Möglichkeiten der Farben erfordert, aber vor allem wohl durch die Fähigkeit der sinnlichen Einstellung des Auges.«[1]
Die Farbe kann sich teppichhaft auf der Fläche ausbreiten. Nolde malt sein Bild in der Nass-in-Nass-Technik, welche eine spontane und unmittelbare Übersetzung des Gesehenen erlaubt. Die ausgewogene Komposition und die Reduzierung auf die drei Primärfarben unterstreichen die intensive Stimmung des Bildes. Der Betrachter fühlt sich in die Deichlandschaft – womöglich nach einem vorübergezogenen Regenschauer – hineinversetzt. Das leuchtende Grün und das tiefe Blau versprühen das Gefühl von Ruhe und Freiheit, die Nolde nach dem erlittenem Malverbot erst wenige Jahre später wiedererlangen wird.

[1] Emil Nolde Stiftung (Hg.), »Emil Nolde. Mein Leben«, Köln 2008, S. 366f.

Emil Nolde [1867 Nolde – 1956 Seebüll]

Callas und Anthurien
Aquarell auf Japan /
Watercolour on Japan paper
ca. 1925

45,9 x 36,3 cm
Signiert
Expertise: Prof. Dr. Manfred Reuther, ehemaliger Direktor der Stiftung Seebüll Ada und Emil Nolde, Seebüll
Provenienz: Marlborough Gallery, London (1967); Privatsammlung Hamburg

—

45.9 x 36.3 cm | 18 x 14 1/3 in
Signed
Certificate of Authenticity by Prof. Dr. Manfred Reuther, former director of Stiftung Seebüll Ada und Emil Nolde, Seebüll
Provenance: Marlborough Gallery, London (1967); Private Collection Hamburg

Georg Kolbe [1877 Waldheim – 1947 Berlin]

Kauernde
Bronze /
Bronze
1917

h = 23,5 cm
Signiert mit dem Monogramm auf der Plinthe
Gießerstempel »H. Noack Berlin« auf der Plinthe
Auflage: ca. 30 Güsse
Werkkatalog Kolbe-Museum/Berger 1990 Nr. 31
Provenienz: Nachlass des Künstlers; Privatsammlung Süddeutschland
Literatur: Ursel Berger, »Georg Kolbe – Leben und Werk mit dem Katalog der Kolbe-Plastiken im Georg-Kolbe-Museum Berlin«, Berlin 1990, Nr. 31 mit Abb.; Ursel Berger, »Georg Kolbe – Das plastische Werk«, in: Weltkunst, 1985, Abb. 4; Wilhelm R. Valentiner, »Georg Kolbe – Plastik und Zeichnung«, München 1922, S. 46 mit Abb. Tafel 23

—

h = 23.5 cm | h = 9 1/4 in
Signed with the initials on the plinth
Foundry mark »H. Noack Berlin« on the plinth
Edition of ca. 30 copies
Work Catalogue Kolbe-Museum/Berger 1990 no. 31
Provenance: Estate of the artist; Private Collection Southern Germany
Literature: Ursel Berger, »Georg Kolbe – Leben und Werk mit dem Katalog der Kolbe-Plastiken im Georg-Kolbe-Museum Berlin«, Berlin 1990, no. 31 ill.; Ursel Berger, »Georg Kolbe – Das plastische Werk«, in: Weltkunst, 1985, ill. 4; Wilhelm R. Valentiner, »Georg Kolbe – Plastik und Zeichnung«, Munich 1922, p. 46 ill. plate 23

Georg Kolbe [1877 Waldheim – 1947 Berlin]

Kniende
Bronze /
Bronze
1926

h = 53,6 cm
Signiert mit dem Monogramm auf der linken Fußsohle
Gießerstempel »H. Noack Berlin Friedenau Made in Germany« auf der Unterseite
Auflage: ca. 60 Güsse, davon 40 zu Kolbes Lebzeiten. Weitere Exemplare befinden sich in der Nationalgalerie Berlin, Wilhelm-Lehmbruck-Museum Duisburg, Philadelphia Museum of Art, Yale Art Gallery
Werkkatalog Kolbe-Museum/Berger 1990 Nr. 87
Expertise: Dr. Ursel Berger, ehemalige Direktorin des Georg Kolbe Museum, Berlin
Provenienz: Sammlung Luise Rainer, London
Literatur: Ursel Berger, »Georg Kolbe 1877-1947«, Ausst.-Kat. Georg-Kolbe-Museum, München 1997, Nr. 58 mit Abb.; Ursel Berger, »Georg Kolbe – Leben und Werk mit dem Katalog der Kolbe-Plastiken im Georg-Kolbe-Museum Berlin«, Berlin 1990, Nr. 87; Rudolf Binding, »Vom Leben der Plastik: Inhalt und Schönheit des Werkes von Georg Kolbe«, Berlin 1933, S. 12

—

h = 53.6 cm | h = 21 in
Signed with the initials underneath the left foot
Foundry mark »H. Noack Berlin Friedenau Made in Germany« on the bottom
Edition of ca. 60 casts, of which 40 are lifetime casts. Further copies are part of the collections of Nationalgalerie Berlin, Wilhelm-Lehmbruck-Museum Duisburg, Philadelphia Museum of Art, Yale Art Gallery
Work Catalogue by Kolbe-Museum/Berger 1990 no. 87
Certificate of Authenticity by Dr. Ursel Berger, former director of Georg Kolbe Museum, Berlin
Provenance: Collection Luise Rainer, London
Literature: Ursel Berger, »Georg Kolbe 1877-1947«, exh.cat. Georg-Kolbe-Museum, Munich 1997, no. 58 ill.; Ursel Berger, »Georg Kolbe – Leben und Werk mit dem Katalog der Kolbe-Plastiken im Georg-Kolbe-Museum Berlin«, Berlin 1990, no. 87; Rudolf Binding, »Vom Leben der Plastik: Inhalt und Schönheit des Werkes von Georg Kolbe«, Berlin 1933, p. 12

Schon früh war klar, dass Georg Kolbe kein Maler werden würde. So genießt er zu Beginn seiner künstlerischen Laufbahn zwar eine Ausbildung zum Maler, unter anderem als Schüler von Gabriel von Hackl und Otto Seitz, doch merkt er schon früh, dass seine wahre Bestimmung in der Bildhauerei liegt. Bereits 1899 schafft Georg Kolbe erste Skulpturen, vornehmlich heroisch wirkende Portraitköpfe junger Italiener. Kolbe erlernt seine bildhauerischen Fähigkeiten dabei vor allem unter Anleitung der beiden deutschen Künstler Louis Tuaillon und August Gaul, die er in Rom über den Graphiker Otto Greiner kennengelernt hatte. Insbesondere von Tuaillon wird der 23-Jährige in der praktischen Umsetzung seiner Ideen unterstützt. Der allmähliche Wechsel des künstlerischen Mediums erscheint ihm im Nachhinein wie ein Befreiungsschlag: »Ich hatte gefunden, was ich bisher nicht gesucht hatte: das Körperliche, die Form.«[1] 1904 stellt insofern ein paradigmatisches Jahr für die Entwicklung von Kolbe dar, als er mit seinem Umzug nach Berlin die Malerei endgültig ad acta legt und fortan ausschließlich das Medium der Plastik seinen künstlerischen Ausdruck bestimmt. Die Konzentration auf das Motiv der nackten, menschlichen Gestalt soll dabei sein gesamtes Werk prägen und in der Fokussierung auf das Sujet der weiblichen Aktdarstellungen ihren Höhepunkt finden. Nie sollten die Skulpturen in ihrer Form den reinen Selbstzweck erfüllen, sondern zum Ausdruck ihres erdachten Inhalts werden, gar beseelt erscheinen. »Während sich die kleineren Bronzefiguren von 1924-1926 meist in ausgelassenen Bewegungen präsentieren, drückt sich in der »Knienden« Ruhe und Besinnlichkeit aus«.[2] Mit der 1926 geschaffenen Skulptur beginnt Kolbes reiferes Werk; mit ihr schafft er eine sehr ambivalente Figur. Nur mit den Fußballen, Zehenspitzen und Knien den Boden berührend, wendet die junge Frau ihren Kopf mit halb verschlossenen Augen vom Betrachter nach Innen ab. Ihre Arme sind leicht vom Körper gestreckt, die Schultern leicht hochgezogen, der Hals durch den seitlichen Blick über die Schulter auf den Boden so gestreckt, dass der zunächst tief entspannte Ausdruck bei näherer Betrachtung einem sehr spannungsvollen weicht: keinem rastlosen, sondern einem sehr empfindsamen und in sich ruhenden. Die Figur vermittelt den Eindruck, als ginge von ihr ein Impuls des Lebendigen aus, als präsentiere sich die junge Frau unseren Augen und entziehe sich zugleich ganz bewusst den sie musternden Blicken.

1   Carl Dietrich Carls: »Atelierbesuch bei Georg Kobe 1937«, in: Ursel Berger, »Georg Kolbe – Leben und Werk mit dem Katalog der Kolbe-Plastiken im Georg-Kolbe-Museum Berlin«, Berlin 1990, S.193
2   Ursel Berger, »Georg Kolbe – Leben und Werk mit dem Katalog der Kolbe-Plastiken im Georg-Kolbe-Museum Berlin«, Berlin 1990, S. 291

Gabriele Münter [1877 Berlin – 1962 Murnau]

Vorstadt mit Barockkirche (München Ramersdorf)
Öl auf Malkarton /
Oil on cardboard
1934

32,9 x 41 cm
Rückseitig mit dem Nachlassstempel sowie der Werknummer
»L105« versehen
Aufgenommen in das in Vorbereitung befindliche Werkverzeichnis von Dr. Isabelle Jansen, München
Expertise: Dr. Isabelle Jansen, München
Provenienz: Nachlass der Künstlerin; Galerie Resch, Gauting; Privatsammlung Süddeutschland; Galerie Gunzenhauser, München; Privatsammlung Nordrhein-Westfalen (seit 1991)

—

32.9 x 41 cm / 13 x 16 1/4 in
Stamped with the estate stamp and marked with the work no. »L105« on the verso
The work has been registered for the catalogue raisonné, currently being prepared by Dr. Isabelle Jansen, Munich, Germany
Certificate of Authenticity by Dr. Isabelle Jansen, Munich
Provenance: Estate of the artist; Galerie Resch, Gauting; Private Collection Southern Germany; Galerie Gunzenhauser, Munich; Private Collection North Rhine-Westphalia (since 1991)

Der landschaftlichen Idylle der kleinen Ortschaft Murnau am Staffelsee bleibt Gabriele Münter zeitlebens verbunden. Einst hat sie sich hier mit ihrem damaligen Lebensgefährten Wassily Kandinsky niedergelassen und zusammen mit den Wegbegleitern Marianne von Werefkin und Alexej von Jawlensky einen neuen, für die Kunst der Gruppe des »Blauen Reiter« typischen, expressiven Malstil geprägt. Nach der Trennung von Kandinsky und dessen Flucht über die Schweiz nach Russland, wandert Münter nach dem Ausbruch des Ersten Weltkrieges nach Norwegen aus. Erst in den 1930er Jahren – kurz vor der Entstehung des vorliegenden Gemäldes »Vorstadt mit Barockkirche« – kehrt sie in das beschauliche Städtchen im bayrischen Oberland zurück. Ihre wiedergewonnene Schaffensfreude spiegelt sich in zahlreichen Blumenstillleben und Landschaftsdarstellungen der Zeit wider, die sie auf Spaziergängen und Ausflügen in Murnau und im Umland festhält.
Auf dem vorliegenden Gemälde reihen sich in hellem Grau rechts und links einer Straße nahezu identisch wirkende Häuser. Münter befindet sich trotz der sehr typischen, satten Farbgebung und der an die Murnauer Zeit erinnernden Malweise nicht in Murnau selbst. Sie hält sich vielmehr in Ramersdorf auf, einem am Rande gelegenen Stadtteil Münchens, wo kurz vorher die dargestellte Neubausiedlung eingeweiht wurde. Sehr frische Farben dominieren das Bild. Der Himmel strahlt in schönstem Blau, während die Fassaden in gedecktem, aber klarem Grau und die Dächer in einem zarten Orange dargestellt sind. Der Blick folgt der Straße und bleibt am zwiebelförmigen Kirchturm der schon im 11. Jahrhundert dokumentierten Wallfahrtskirche St. Maria haften, die sich im Zentrum hinter den neu gebauten Häusern auftut. Das Weiß des Turms, das Grün des oxidierten Kupfers und das Gold der Turmspitze heben sich ebenfalls sehr deutlich vom kräftigen Blau des wolkenlosen Himmels ab. Wiesen sowie Sträucher und Bäume säumen die Straße und umgeben die in unmittelbarer Nähe zum alten Dorfkern gelegenen Neubauten. Münter verzichtet bewusst auf Details wie Fenster oder Türen. Einzelne, nahezu monochrome Farbflächen reihen sich aneinander. Die Künstlerin hat auch ihre Farbpalette reduziert, um sich auf das Wesentliche konzentrieren zu können. Sie setzt sich damit ganz klar über die Konventionen einer realistischen Wiedergabe hinweg und fokussiert vor allem die augenblickliche Stimmung und ihre sehr positive Empfindung des Vorgefundenen. Münters Bildprogramm der Verfremdung und Suche nach neuen Ausdrucksformen wird somit zusehends mutiger. Sie knüpft zwar thematisch an die Vorkriegszeit an, mit breitem Pinselduktus und großen Farbflächen entwickelt sie ihren Stil durch weitere Vereinfachung jedoch auf eine sehr erfolgreiche Art und Weise weiter.

Gabriele Münter

[1877 Berlin – 1962 Murnau]

Moorbach mit Häusern im Schnee
Öl auf Malkarton /
Oil on cardboard
1932

33 x 44,8 cm
Rückseitig mit dem Nachlassstempel sowie der Werknummer
»L 198« versehen
Aufgenommen in das in Vorbereitung befindliche Werkverzeichnis von Dr. Isabelle Jansen, München
Expertise: Dr. Isabelle Jansen, München
Provenienz: Nachlass der Künstlerin; Galerie Gunzenhauser, München; Lempertz, Köln (1997); Privatsammlung Süddeutschland

—

33 x 44.8 cm | 13 x 17 2/3 in
Stamped with the estate stamp and marked with the work no. »L 198« on the verso
The work has been registered for the catalogue raisonné, currently being prepared by Dr. Isabelle Jansen, Munich, Germany
Certificate of Authenticity by Dr. Isabelle Jansen, Munich
Provenance: Estate of the artist; Galerie Gunzenhauser, Munich; Lempertz, Cologne (1997); Private Collection Southern Germany

Alexej von Jawlensky

[1865 Torschok – 1941 Wiesbaden]

Meditation (VI 1936 N. 8)
Öl auf leinenstrukturiertem Papier, auf
Bristolkarton aufgezogen /
Oil on linenstructured paper, mounted on board
1936

17,4 x 12,5 cm
Signiert mit dem Monogramm und »36« datiert sowie auf dem alten Unterlagekarton von Lisa Kümmel »A. Jawlensky VI. 1936 N.8.« bezeichnet
Werkverzeichnis Jawlensky/Pieroni-Jawlensky 1993 Nr. 1982
Expertise: Alexej von Jawlensky Archiv SA, Locarno
Provenienz: Atelier des Künstlers; Hans Lühdorf, Düsseldorf (Geschenk des Künstlers); Privatsammlung Düsseldorf; Galerie Ludorff, Düsseldorf (1987); Privatsammlung Nordrhein-Westfalen
Literatur: Maria Jawlensky/Lucia Pieroni-Jawlensky/Angelica Jawlensky, »Alexej von Jawlensky catalogue raisonné of the oil paintings vol. 3 1934-1937«, München 1993, Nr. 1982, mit Abb.; Galerie Ludorff, »Frühjahr 1987«, cat. 46, Düsseldorf 1987, Abb. S. 69; Clemens Weiler, »Alexej von Jawlensky. Köpfe, Gesichte, Meditationen«, Hanau 1970, Nr. 852

—

17.4 x 12.5 cm | 6 3/4 x 5 in
Signed with the initials and dated »36« also marked »A. Jawlensky VI. 1936 N.8.« by Lisa Kümmel on the old underlying cardboard
Catalogue Raisonné by Jawlensky/Pieroni-Jawlensky 1993 no. 1982
Certificate of Authenticity by Alexej von Jawlensky Archiv SA, Locarno
Provenance: The artist's studio; Hans Lühdorf, Dusseldorf (present by the artist); Private Collection, Dusseldorf; Galerie Ludorff, Dusseldorf (1987); Private Collection North Rhine-Westphalia
Literature: Maria Jawlensky/Lucia Pieroni-Jawlensky/Angelica Jawlensky, »Alexej von Jawlensky catalogue raisonné of the oil paintings vol. 3 1934-1937«, Munich 1993, no. 1982, ill.; Galerie Ludorff, »Frühjahr 1987«, Kat. 46, Düsseldorf 1987, ill. p. 69; Clemens Weiler, »Alexej von Jawlensky. Köpfe, Gesichte, Meditationen«, Hanau 1970, no. 852

Nachdem bereits bis 1910 eine Vielzahl der zentralen Werke dem Portrait zuzuzählen sind, verlegt Alexej von Jawlensky ab 1917 das Hauptaugenmerk seines Schaffens immer mehr auf die Darstellung von farbenprächtigen menschlichen Köpfen. So beschäftigt er sich bis 1919 vornehmlich mit den weiblichen »Mystischen Köpfen« und danach bis 1922 mit den »Heilandsgesichte«. Im Laufe der Zeit konzentriert er sich hierbei zunehmend auf das Überindividuelle. In der Serie der »Abstrakten Köpfe« (1918-1933) steht bereits nicht mehr die Darstellung des Modells im Vordergrund. Vielmehr konzentriert sich der Künstler nun fast ausschließlich auf das Gesicht im Allgemeinen und reduziert dieses auf geometrische Formen bzw. farbige Flächen, die von markanten schwarzen Linien gehalten werden.
»Meine letzte Periode meiner Arbeiten hat ganz kleine Formate, aber die Bilder sind noch tiefer und geistiger, nur mit der Farbe gesprochen.«[1] Damit meint Jawlensky seine letzte Bildserie »Meditationen«, stilisierte Kopfdarstellungen, die von 1934 bis 1937 entstehen und nochmals eine Steigerung des Abstrahierungsgrades mit sich bringen und hierdurch als konsequente Vollendung seines seriellen Œuvres anzusehen sind.
In unserem Werk »Meditation (VI 1936 N. 8)« ist das Gesicht vollends stilisiert und wird von wenigen waagerechten und senkrechten Linien dominiert. Die markanten schwarzen Pinselstriche definieren dabei die spezifisch kantigen Gesichtsmerkmale. Die schweren Augenbrauen drücken die Augen fest zusammen. Sie sind, wie auch der Mund, komplett verschlossen. Der Ausdruck scheint in sich gekehrt. Die in dunklen Farben gehaltene Farbpalette unterstreicht die meditative Stimmung. Lediglich an den Seiten des Kopfes schimmert ein leichtes Gelb hindurch. Diese modelliert das Gesicht nicht nur. Sie lässt auch den Kopf aus der Fläche hervortreten. Unterstützt wird dieser Eindruck durch den recht groben, doch gleichmäßigen Duktus, der dem Bild ebenfalls Tiefe verleiht. Zudem tritt die in weißen Senkrechten betonte Seite des Gesichts aus der Dunkelheit hervor.
Das Werk Jawlenskys ist durchweg von einer spirituellen Sehnsucht geprägt und so begründet der Künstler seine Bildfindung wie folgt: »[…] dann war mir notwendig, eine Form für das Gesicht zu finden, da ich verstanden hatte, daß die große Kunst nur im religiösem (sic!) Gefühl gemalt werden soll. Und das konnte nur das menschliche Antlitz bringen. Ich verstand, daß der Künstler mit seiner Kunst durch Formen und Farben sagen muß, was in ihm Göttliches ist. Darum ist ein Kunstwerk ein sichtbarer Gott, und die Kunst ist Sehnsucht zu Gott.«[2] In »Meditation (VI 1936 N. 8)« werden seine religiösen Beweggründe spürbar. Das expressive Blatt erinnert an christliche Andachtsbilder, ohne dabei an die gewöhnliche Wiedergabe einer Ikone zu erinnern. Es ist ein beispielhaftes Bild der Andacht und der Passion des Künstlers selbst.

Originalgröße / real size

1 Zit. in »Alexej von Jawlensky. 1864-1941«, Ausst.-Kat. Städtische Galerie im Lenbachhaus, München 1983, S. 292.
2 Zit. in Tayfun Belgin, »Der Weg des Bildes. Über Kontinuität in der Kunst Alexej von Jawlenskys« in: Ausst.-Kat. »Alexej von Jawlensky. Reisen Freunde, Wandlungen«, Dortmund/Heidelberg 1998, S. 16.

Ernst Wilhelm Nay [1902 Berlin – 1968 Köln]

Ohne Titel
Aquarell auf Papier /
Watercolour on paper
1958

41 x 59,5 cm
Signiert und »58« datiert
Aufgenommen in das in Vorbereitung befindliche Werkverzeichnis der Gouachen, Aquarelle und Zeichnungen von Dr. Magdalene Claesges und Elisabeth Nay-Scheibler, Köln
Provenienz: Atelier des Künstlers; Privatsammlung Hessen (um 1970); Privatsammlung Hessen (seit den 1990er)

—

41 x 59.5 cm | 16 1/4 x 23 1/2 in
Signed and dated »58«
The work has been registered for the catalogue raisonné of the gouaches, watercolours and drawings, currently being prepared by Dr. Magdalene Claesges and Elisabeth Nay Scheibler, Cologne
Provenance: The artist's studio; Private Collection Hesse (ca. 1970); Private Collection Hesse (since the 1990s)

Ernst Wilhelm Nay [1902 Berlin – 1968 Köln]

Dominant Gelb
Öl auf Leinwand /
Oil on canvas
1959

162,5 x 130 cm
Signiert und »59« datiert sowie rückseitig nochmals signiert und auf dem Keilrahmen »NAY – Dominant Gelb« – 1959« bezeichnet
Werkverzeichnis Scheibler 1990 Nr. 915
Provenienz: Galerie Der Spiegel, Köln (1959); Sammlung Klaus Frowein, Wuppertal (1967); Privatsammlung Nordrhein-Westfalen
Literatur: Archiv für Bildende Kunst am Germanischen Nationalmuseum Nürnberg (Hg.), »E. W. Nay 1902-1968: Bilder und Dokumente«, München 1980, Abb. VII, S. 12; Christian Rathke/ Werner Höfer, »Die 50er Jahre. Aspekte und Tendenzen«, Ausst.-Kat. Von der Heydt-Museum, Wuppertal 1977, o. S.; FAZ, 12.10.1977, Frankfurt am Main 1977, m. Abb.; Städtische Kunsthalle und Kunstverein für die Rheinlande und Westfalen, »Kunst des 20. Jahrhunderts aus rheinisch-westfälischem Privatbesitz«, Ausst.-Kat., Düsseldorf 1967, Abb. 80; Von der Heydt-Museum, »Kunst der Gegenwart in Wuppertaler Privatbesitz«, Ausst.-Kat., Wuppertal 1965, o. S.
Ausstellungen: Städtische Kunsthalle und Kunstverein für die Rheinlande und Westfalen, »Kunst des 20. Jahrhunderts aus rheinisch-westfälischem Privatbesitz«, Düsseldorf 1967; Galerie Der Spiegel, »E. W. Nay. Bilder, Aquarelle, Zeichnungen«, Köln 1959; Von der Heydt-Museum, »Die 50er Jahre. Aspekte und Tendenzen«, Wuppertal 1977; Von der Heydt-Museum, »Kunst der Gegenwart in Wuppertaler Privatbesitz«, Wuppertal 1965

—

162.5 x 130 cm | 64 x 51 1/4 in
Signed and dated "59"
Signed again on the verso and marked »NAY – Dominant Gelb« – 1959« on the stretcher
Catalogue Raisonné by Scheibler 1990 no. 915
Provenance: Galerie Der Spiegel, Cologne (1959); Collection Klaus Frowein, Wuppertal (1967); Private Collection North Rhine-Westphalia
Literature: Archiv für Bildende Kunst am Germanischen Nationalmuseum Nürnberg (ed.), »E. W. Nay 1902-1968: Bilder und Dokumente«, Munich 1980, ill. VII, p. 12; Christian Rathke/ Werner Höfer, »Die 50er Jahre. Aspekte und Tendenzen«, exh. cat., Von der Heydt-Museum, Wuppertal 1977, n. pag.; FAZ, 12.10.1977, Frankfurt am Main 1977, ill.; Städtische Kunsthalle und Kunstverein für die Rheinlande und Westfalen, »Kunst des 20. Jahrhunderts aus rheinisch-westfälischem Privatbesitz«, exh. cat., Dusseldorf 1967, ill. 80; Von der Heydt-Museum, »Kunst der Gegenwart in Wuppertaler Privatbesitz«, exh.cat., Wuppertal 1965, n. pag.

Exhibited: Städtische Kunsthalle und Kunstverein für die Rheinlande und Westfalen, »Kunst des 20. Jahrhunderts aus rheinisch-westfälischem Privatbesitz«, Dusseldorf 1967; Galerie Der Spiegel, »E. W. Nay. Bilder, Aquarelle, Zeichnungen«, Cologne 1959; Von der Heydt-Museum, »Die 50er Jahre. Aspekte und Tendenzen«, Wuppertal 1977; Von der Heydt-Museum, »Kunst der Gegenwart in Wuppertaler Privatbesitz«, Wuppertal 1965

»Langsam – mit der Ausrufung des Rhythmus – gewinnt im neuen Jahrhundert der Raum wieder Gestalt, eine andersgeartete Gestalt, und das Thema »Raum« gewinnt einen neuen Aspekt.«[1] In der Einleitung seiner Schrift »Vom Gestaltwert der Farbe – Fläche, Zahl und Rhythmus« schildert Ernst Wilhelm Nay seine neue, reale Raumauffassung und beschreibt die Gestaltung des Bildes, die aus der unbedingten Verbindung von Farbe, Fläche und Linie (Mittel ersten Grades) sowie aus Kugel, Zahl und Rhythmus (Mittel zweiten Grades) entsteht. Dabei wird die Farbe bei Nay zum Mittel der Malerei schlechthin ernannt, denn sie allein entscheide über das »Wesen der Raumgestaltung«. Die Fläche, die Zahl und der Rhythmus bilden hingegen die Grundlage des Bildes. Das »Gestalt-Bild«, wie es der Künstler selbst nennt, ist darin völlig frei von subjektiv-emotionaler Anschauung und Imagination und nur durch die in jedem Bild neu und immerzu einzigartig zusammengesetzten Mittel begründet.[2]
Mit dieser Schrift bereitet Nay seine neue Phase im künstlerischen Werk auf die sogenannten »Scheibenbilder« (1954-1962), die auf die »Fugalen Bilder« (1949-1951) und »Rhythmischen Bilder« (1952-53) folgen. Die »Scheibenbilder«, zu denen auch unser Werk »Dominant Gelb« aus dem Jahre 1959 zählt, bestechen durch ihre besonderen Farbspiele und pulsierenden Kompositionen aus verschieden großen Scheiben, die zum beherrschenden Bildmotiv werden und von Farbfeldern begleitet eine dynamische, fast schwebende Bildwirkung hervorrufen. Wie äußert sich die Gestaltung der Farbe nun in unserem Ölgemälde »Dominant Gelb«? Wodurch wird das Gelb

Ernst Wilhelm Nay

[1902 Berlin – 1968 Köln]

Morningstar
Öl auf Leinwand /
Oil on canvas
1963

65 x 60 cm
Signiert, »63« datiert und mit der Widmung »for Nov. 16, 1963« versehen sowie rückseitig nochmals signiert und auf dem Keilrahmen »NAY - »MORNINGSTAR« - 1963« bezeichnet
Werkverzeichnis Scheibler 1990 Nr. 1071
Provenienz: Sammlung Mr. and Mrs. Harry A. Brooks, New York (Geschenk des Künstlers an den ehemaligen Direktor der Knoeller Gallery, New York 1963)
Literatur: Aurel Scheibler, »Ernst Wilhelm Nay - Werkverzeichnis der Ölgemälde« Bd. 2, 1952-1968, Köln 1990, Nr. 1071, Abb. S. 252

—

65 x 60 cm / 25 2/3 x 23 2/3 in
Signed, dated »63« and dedicated »for Nov. 16, 1963«
On the verso signed again and marked »NAY - »MORNINGSTAR« - 1963« on the stretcher
Catalogue Raisonné by Scheibler 1990 no. 1071
Provenance: Collection Mr. and Mrs. Harry A. Brooks, New York (present from the artist to the former director of the Knoeller Gallery, New York 1963)
Literature: Aurel Scheibler, »Ernst Wilhelm Nay - Werkverzeichnis der Ölgemälde« vol. 2, 1952-1968, Cologne 1990, no. 1071, ill. p. 252

▸ so dominant und lässt die Scheiben im Raum tanzen? Zum einen ist der satte Farbton tatsächlich die zuerst gesetzte Farbe in Form von einer großen Halbscheibe, die sich von unten nach oben in das Bildgeschehen bewegt und zwei weiterer Scheiben sowie einer Fläche. Die Verwendung des kühlen Blautones als Komplementärkontrast fördert das Leuchten des Gelbs, besonders an der Stelle des direkten Aufeinandertreffens im unteren Bilddrittel. Zudem befindet sich das dominante Gelb, das in der Unterzahl ist, stets in Gesellschaft eines Ockertons und Schwarz, wodurch erneut die Strahlkraft betont wird. Das strahlende Gelb tritt sowohl in den Bildvordergrund als auch aus dem Bildhintergrund hervor. Die Bildfläche wird so, durch die Nay'sche Farbgebung aus Gegensätzen, bewusst zum bewegten Spiel mit der Farbe und Form im Raum. Des Weiteren ist auffallend, dass der Bildaufbau des hochformatigen Ölgemäldes einer von rechts unten nach links oben aufsteigenden Diagonale folgt, die den nur scheinbar wahllos zusammengesetzten und ungeordneten Farbscheiben und Feldern eine Richtung verleiht und sie von einer möglichen Statik in eine dynamisch-leichte Bewegung befreit. Die gelbe nach unten fließende Fläche oben rechts unterstützt dabei die diagonale Gesamtbewegung der Komposition. Im Bildmittelpunkt fällt der recht gestische Farbauftrag auf, der im Zusammenhang mit den im unteren Bildabschnitt links befindlichen schwarzen ovalen Bögen eine spätere Werkphase des Künstlers vorbereitet, die sogenannten »Augenbilder«.
Zu eben dieser Werkgruppe, die von 1963 bis 1964 entstehen und zu der auch unser Gemälde »Morningstar« (1963) gehört, schlägt Nay stilistisch einen anderen, neuen Weg. Aus den dynamisch-rhythmischen Scheiben, die noch immer zu erkennen sind, treten plötzlich ungewöhnliche Gebilde hervor, nämlich spitz-ovale Linien, die mit einem inneren Punkt versehen sind. Die zweifelsohne erkenntlichen Augen starren den Betrachter unmittelbar an, die Augäpfel sind deutlich zu erkennen, die Linsen stark vergrößert. Der von Nay gewählte Titel »Morningstar« greift die überraschend dominante Form aus zwei spitz-ovalen und sich in der Mitte kreuzenden Bögen auf, die wie ein Stern anmutet, der dem Tagesanbruch allmählich zurückzuweichen scheint. Zudem scheint das in verschiedenen, kühlen Blautönen zum Weiß hin aufsteigende und von Komplementärkontrasten begleitete, ausdrucksstarke Bild gänzlich aus einem spontanen, gestischen Farbauftrag entstanden zu sein. In dieser vorletzten Werkphase steigert der Künstler seine rhythmische Abstraktion in eine den Betrachter förmlich durchdringende Expressivität.

1 Vgl. Ernst Wilhelm Nay, »Bilder und Dokumente«, München 1980, S. 134.
2 Vgl. dazu: »Vom Gestaltwert der Farbe – Fläche, Zahl und Rhythmus«, München 1955, in: »E. W. Nay Lesebuch. Selbstzeugnisse und Schriften 1931-1968«, Köln 2002, S. 119-129.

Serge Poliakoff [1900 Moskau – 1969 Paris]

Composition verte, bleue, rose et jaune
Radierung und Farbaquatinta auf Rives Bütten /
Etching and colour aquatint on Rives hand made paper
1964

Darstellung: 32,2 x 22,8 cm
Blatt: 38 x 29 cm
Signiert
Auflage: Eines von 20 signierten Exemplaren der Suite auf
Rives-Bütten
Verleger: La Rose des Ventes, Paris
Radierer: Jean Signovert, Paris
Werkverzeichnis Poliakoff/Schneider 1998 Nr. XXV
Provenienz: Privatsammlung Rheinland
Literatur: Alexis Poliakoff/Gérard Schneider, »Serge Poliakoff
- Werkverzeichnis der Graphik«, München 1998, Nr. XXV

—

Image: 32.2 x 22.8 cm | 12 2/3 x 9 in
Sheet: 38 x 29 cm | 15 x 11 1/2 in
Signed
One of 20 signed copies of the suite on Rives hand made paper
Publisher: La Rose des Ventes, Paris
Etcher: Jean Signovert, Paris
Catalogue Raisonné by Poliakoff/Schneider 1998 no. XXV
Provenance: Private Collection Rhineland
Literature: Alexis Poliakoff/Gérard Schneider, »Serge Poliakoff
- Werkverzeichnis der Graphik«, Munich 1998, no. XXV

Serge Poliakoff

[1900 Moskau – 1969 Paris]

Composition jaune
Farblithographie auf BFK Rives Papier /
Colour lithograph on BFK Rives Paper
1965

Darstellung: 63 x 48 cm
Blatt: 80,5 x 63 cm
Signiert und als épreuve d'artiste »E d a« bezeichnet
Auflage: 75
Werkverzeichnis Rivière 1974 Nr. 46; Werkverzeichnis Poliakoff/Schneider 1998 Nr. 46
Provenienz: Privatsammlung Schweiz
Literatur: Alexis Poliakoff/Gérard Schneider, »Serge Poliakoff - Werkverzeichnis der Graphik«, München 1998, Nr. 46; Yves Rivière, »Serge Poliakoff - Les estampes«, Paris 1974, Nr. 46

—

Image: 63 x 48 cm | 24 3/4 x 19 in
Sheet: 80.5 x 63 cm | 31 2/3 x 24 3/4 in
Signed and marked as épreuve d'artiste »E d a« (artist's proof)
Edition of 75
Catalogue Raisonné by Rivière 1974 no. 46; Catalogue Raisonné by Poliakoff/Schneider 1998 no. 46
Provenance: Private Collection Switzerland
Literature: Alexis Poliakoff/Gérard Schneider, »Serge Poliakoff - Werkverzeichnis der Graphik«, Munich 1998, no. 46; Yves Rivière, »Serge Poliakoff - Les estampes«, Paris 1974, no. 46

Der aus Russland stammende Künstler Serge Poliakoff flieht vor der Revolution von 1917 und gelangt auf abenteuerlichen Wegen über Konstantinopel im Alter von 24 Jahren nach Paris. Später erhält er die französische Staatsbürgerschaft. In der Metropole an der Seine widerfährt Poliakoff ein Schlüsselereignis: Er erkennt – wie er später zu Andre Malraux sagen wird – dass er »sein Zuhause gefunden hat«[1]. Da er musikalisch veranlagt ist, hält sich Poliakoff zunächst als Gitarrenspieler in verschiedenen Nachtcafés über Wasser. Tagsüber malt er in seinem Atelier und nimmt an den wöchentlichen Treffen des Künstlerpaares Delaunay teil, das ihn unterstützt und ihm seinen Weg in der Kunst aufzeigt. Poliakoff beschränkt sich fortan auf einen relativ reduziertes Formenrepertoire, mit dem er auch die gemäßigten Bildformate zu einer monumentalen Wirkung steigert. Den gedanklichen Ausgangspunkt seiner Bilder beschreibt der Künstler wie folgt: »Wenn ich mit einer Komposition beginne, denke ich an die Architektur. Genau wie ein Architekt fülle ich hier und da Räume. [...] An Formen denke ich nicht.«[2] Die Farbe, anfangs noch tonig gedämpft, entfaltet im Laufe der Jahre einen immer stärkeren, bisweilen festlichen Glanz, der häufig in effektvollem Kontrast zu dunkleren Bildfeldern steht. Poliakoffs Überlegungen kreisen zunehmend um die Kraft der Farbe.
In unserer »Composition jaune« widmet sich der Künstler der Farbe Gelb. Ihr gegenübergestellt bilden ein rotes und ein schwarzes Vieleck das Zentrum des Bildes, um dessen Achse die gelben Farbfelder wie in einer Drehbewegung kreisen. Wichtiges Anliegen ist es dabei, dass eine Verzahnung der Farbformen stattfindet. Poliakoff webt einen sich ruhig auf und ab bewegenden Bildteppich, in dem auch die einzelnen Formen in sich durch Farbnuancen schwingen. Assoziationen von Vorder- und Hintergrund lässt dieses verwobene Gefüge nicht zu. Ein quasi atmosphärisches Zittern an der Oberfläche verleiht der Farb-Form eine spezifische Präsenz, die sich aus lokaler Nachdrücklichkeit und teilweisem Rückzug ergibt. Aus jenem Wechsel zwischen Erscheinen und Verschwinden, wird ein Farbklang erzeugt. In der vorliegenden Arbeit präsentiert Poliakoff einen warmen und klaren Klang.

[1] Gespräch mit Jacques Michel, in: »Le Monde«, 1. September 1967, zitiert nach Gérard Durozoi, »Serge Poliakoff«, Angers 2001, S. 91.
[2] Ebenda.

Serge Poliakoff [1900 Moskau – 1969 Paris]

Composition bleue, verte et rouge
Lithographie auf BFK Rives Papier /
Lithograph on BFK Rives Paper
1969

Darstellung: 28 x 18 cm
Blatt: 38,1 x 28,3 cm
Signiert und »89/115« nummeriert sowie rückseitig »Serge Poliakoff 56626-1« und »L'été« bezeichnet
Diese Lithographie entstammt dem Band »Vingt-deux poèmes« von Jean Cassou, St. Gallen 1978
Auflage: 115 + 20 e.a.
Herausgeber: Erker Presse, St. Gallen
Werkverzeichnis Poliakoff/Schneider 1998 Nr. 78
Provenienz: Privatsammlung Nordrhein-Westfalen
Literatur: Alexis Poliakoff/Gérard Schneider, »Serge Poliakoff - Werkverzeichnis der Graphik«, München 1998, Nr. 78

—

Image: 28 x 18 cm | 11 x 7 in
Sheet: 38.1 x 28.3 cm | 15 x 11 1/4 in
Signed and numbered »89/115« also marked »Serge Poliakoff 56626-1« and »L'été« on the verso
This lithograph was included in the publication »Vingt-deux poèmes« by Jean Cassou, St. Gallen 1978
Edition of 115 + 20 e.a.
Publisher: Erker Presse, St. Gallen
Catalogue Raisonné by Poliakoff/Schneider 1998 no. 78
Provenance: Private Collection North Rhine-Westphalia
Literature: Alexis Poliakoff/Gérard Schneider, »Serge Poliakoff - Werkverzeichnis der Graphik«, Munich 1998, no. 78

Otto Piene [1928 Bad Laasphe – 2014 Berlin]

Ohne Titel – Rauchzeichnung
Mischtechnik auf Papier /
Mixed technique on paper
1959

15 x 11 cm
Signiert, datiert und »rauchzeichnung« gestempelt
Provenienz: Privatsammlung Süddeutschland

—

15 x 11 cm | 6 x 4 1/3 in
Signed, dated and stamped »rauchzeichnung«
Provenance: Private Collection Southern Germany

Originalgröße / real size

Otto Piene [1928 Bad Laasphe – 2014 Berlin]

Feuerblume
Mischtechnik auf Karton /
Mixed technique on cardboard
1964

47,5 x 68 cm
Signiert und datiert
Provenienz: Privatsammlung Berlin

—

47.5 x 68 cm | 18 2/3 x 26 3/4 in
Signed and dated
Provenance: Private Collection Berlin

Farbe, Licht und Bewegung sowie Kunst und Natur so zu verbinden, dass eine für die Kunstgeschichte bis heute wegweisende Position entsteht, deren Ziel die Verschmelzung von Natur, Technik und Mensch ist, ist bei kaum einem anderen Künstler des 20./21. Jahrhunderts so zu konstatieren wie bei Otto Piene.
Der Mitbegründer der Gruppe ZERO befasste sich vor allem mit den Phänomenen des Lichts, der Elemente und der Bewegung im Raum. Bereits 1957 beginnt Pienes Beschäftigung mit Rauch und Feuer. Pinsel und Farbe werden durch Flamme und Rauch ersetzt. Erste sogenannte Rasterbilder und Rauchzeichnungen entstehen Ende der 1950er Jahre. 1961 folgen erste Feuergouachen sowie Rauch- und Feuerbilder auf Leinwand.
Das Element Feuer spielt auch bei der Gestaltung unseres Werks »Feuerblume« eine zentrale Rolle. Durch das Anbrennen und Löschen von Fixativ und Pigmenten entstehen die für Piene charakteristischen, von Blasen und Krusten durchzogenen Kreisformen. Dabei geht es Piene nicht darum zerstörerisch zu wirken, sondern darum die Naturvorgänge und ihre Schöpfungskraft zu verdeutlichen und selbst zu erleben.[1] Diesen Moment des Kunst- und Naturerlebens verfolgt Piene in seinem gesamten Œuvre, von den Lichtballetten bis zu den Sky-Events und den späten Keramikarbeiten, konsequent.
In unserem Werk »Feuerblume« bestimmt ein schwarzer, heterogen auslaufender Rußfleck auf feuerrotem Bildgrund (»Die dem Rauch angemessene Farbe ist Rot«[2]) die Fläche. Er scheint mit dem Hintergrund zu verschmelzen und sich immer weiter auszudehnen. Die gesamte Gestalt, die sich vom rußgrauen Mittelpunkt in schwarze, ungleichmäßig pigmentierte Ringe, ausdehnt, erinnert an eine vegetabile Form. Das Motiv der »Blume« nimmt einen besonderen Stellenwert in Pienes künstlerischem Schaffen ein, da er diese nicht nur malerisch und zweidimensional auf Papier und Leinwand darstellt, sondern in verschiedenen Werkphasen immer wieder auch skulptural und multimedial in Form von Lichtinstallationen und -projektionen in den Lichtballetten oder auch als monumentale Luftplastik in seinen Sky-Event-Projekten aufgreift.

1 Vgl. »Otto Piene. Retrospektive 1952-1996«, Ausst.-Kat. Museum Kunstpalast Düsseldorf 1996, S. 52.
2 Zit. Otto Piene, »Piene, Licht und Rauch, Graphik«, Ausst.- Kat. Städtisches Museum Leverkusen, Schloss Morsbroich, Leverkusen 1962.

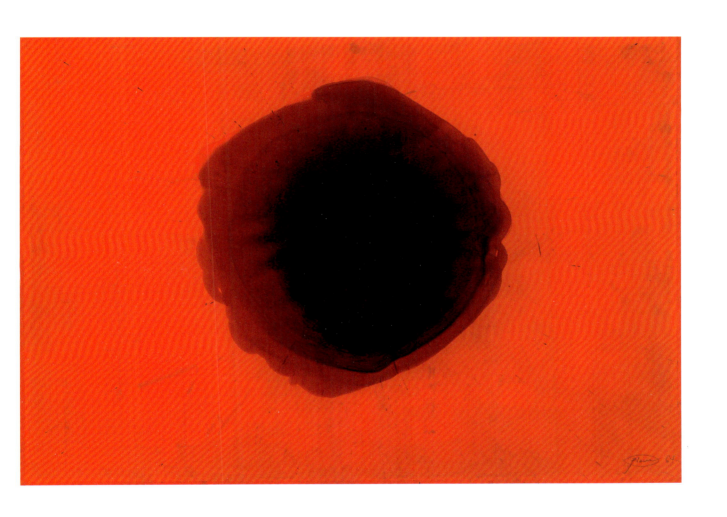

Otto Piene

[1928 Bad Laasphe – 2014 Berlin]

Ohne Titel
Öl und Pigment auf Leinwand /
Oil and pigment on canvas
1962

100 x 80 cm
Rückseitig signiert und »62« datiert
Provenienz: Galerie Swetek, Düsseldorf; Privatsammlung Merian, Krefeld (1970); Sammlung T, Teufen, Schweiz (1976); Privatsammlung Schweiz
Literatur: Paul Bachmann (Hg.), »Sammlung T. Eine Sammlung internationaler Nachkriegskunst«, Ausst.-Kat. Kunstverein St. Gallen, Teufen 1997, Nr. 50; Peter Baum (Hg.), Ursprung und Moderne«, Ausst.-Kat. Neue Galerie der Stadt Linz, Linz 1990, Nr. 7.396; Kunstverein St. Gallen (Hg.): »Sammlung T.«, Ausst.-Kat. Kunstmuseum St. Gallen, St. Gallen 1988, Nr. 50 mit Abb.
Ausstellungen: Neue Galerie, »Ursprung und Moderne«, Linz 1990; Kunstmuseum St. Gallen, »Sammlung T«, St. Gallen 1988; Galerie Merian, Krefeld 1972; Galerie Swetec, Düsseldorf 1970; Galerie Schmela, »Piene: Fauna und Flora. Ölbilder und Gouachen«, Düsseldorf 1962

—

100 x 80 cm | 39 1/3 x 31 1/2 in
Signed and dated »62« on the verso
Provenance: Galerie Swetek, Dusseldorf; Private Collection Merian, Krefeld (1970); Collection T, Teufen, Switzerland (1976); Private Collection Switzerland
Literature: Paul Bachmann (ed.), »Sammlung T. Eine Sammlung internationaler Nachkriegskunst«, exh.cat. Kunstverein St. Gallen, Teufen 1997, no. 50; Peter Baum (ed.), »Ursprung und Moderne«, exh.cat. Neue Galerie der Stadt Linz, Linz 1990, no. 7.396; Kunstverein St. Gallen (ed.): »Sammlung T.«, exh.cat. Kunstmuseum St. Gallen, St. Gallen 1988, no. 50 ill.
Exhibited: Neue Galerie, »Ursprung und Moderne«, Linz 1990; Kunstmuseum St. Gallen, »Sammlung T«, St. Gallen 1988; Galerie Merian, Krefeld 1972; Galerie Swetec, Dusseldorf 1970; Galerie Schmela, »Piene: Fauna und Flora. Ölbilder und Gouachen«, Dusseldorf 1962

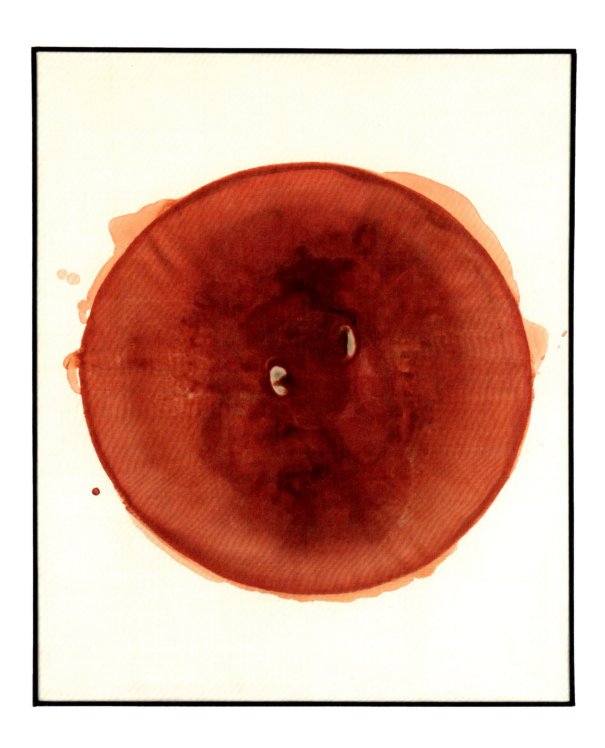

Emil Schumacher

[1912 Hagen – 1999 Ibiza]

Banga
Öl auf Leinwand /
Oil on canvas
1964

50 x 70 cm
Signiert und »64« datiert
Aufgenommen in das in Vorbereitung befindliche Werkverzeichnis der Gemälde von Dr. Ulrich Schumacher, Hagen und im Archiv der Emil Schumacher Stiftung unter der Nummer 0/3.751 registriert
Provenienz: Privatsammlung Nordrhein-Westfalen
Literatur: Karl-Ernst-Osthaus-Museum, »Emil Schumacher. Ein Künstler und seine Stadt«, Ausst.-Kat., Hagen 1997, Nr. 76 mit Abb.
Ausstellungen: Karl Ernst Osthaus-Museum, »Emil Schumacher. Ein Künstler und seine Stadt«, Hagen 1997

—

50 x 70 cm | 19 2/3 x 27 1/2 in
Signed and dated »64«
The work has been registered for the catalogue raisonné of the paintings currently being prepared by Dr. Ulrich Schumacher Hagen, Germany and is registered in the archive of the Emil Schumacher Foundation as 0/3.751
Provenance: Private Collection North Rhine-Westphalia
Literature: Karl-Ernst-Osthaus-Museum, »Emil Schumacher. Ein Künstler und seine Stadt«, exh.cat., Hagen 1997, no. 76 ill.
Exhibited: Karl Ernst Osthaus-Museum, »Emil Schumacher. Ein Künstler und seine Stadt«, Hagen 1997

Der Maler Emil Schumacher gehört ohne Zweifel zu den zentralen deutschen Vertretern des Informel. Nach seiner Ausbildung zum Werbegrafiker an der Kunstgewerbeschule Dortmund (1932-35) arbeitet er als freier Maler. Während des Zweiten Weltkrieges ist er als technischer Zeichner dienstverpflichtet und in einem Hagener Rüstungsbetrieb tätig. Mit befreundeten Malerkollegen – darunter Gustav Deppe, Ernst Hermanns oder Heinrich Siepmann – gründet er 1947 die Künstlervereinigung »junger westen«. Schon drei Jahre nach diesem folgenreichen Zusammenschluss, dessen Ziel die Reaktivierung der Modernen Kunst nach der nationalsozialistischen Diktatur war, setzt sich ein maßgeblicher, stilistischer Umbruch in Schumachers Werk durch: Beeinflusst von den künstlerischen Tendenzen der Nachkriegszeit in Frankreich und den USA, spezifischer dem Tachismus (frz. »tache«: Fleck) und dem Action Painting, beginnt Schumachers eigenständige Entwicklung zum abstrakten Maler, in dessen Werken sich die Farbe zum Hauptgegenstand emanzipiert. Als Vertreter des Informel, strebt er nicht mehr nach einer »[…] Annäherung an eine vorgegebene oder vorgestellte Idee im Bilde […]«[1], sondern vielmehr nach der Genese und Entwicklung einer solchen Bildidee während des spontanen, ständig reflektierten Malprozesses.

Unser Werk »Banga« von 1964 gehört zu den materialbetonten Werken, in denen die selbst hergestellte Malfarbe und somit das Farbpigment den Hauptgegenstand der nun autonomen Malerei stellt. Die seit 1961 entstehenden roten Bilder zeichnen sich durch eine Reduktion der Farbwerte aus. Hierdurch gewinnen Komposition und Beschaffenheit an Relevanz. Auf rotem Grund formiert sich durch die brüchigen, schwungvollen Linien und den bewegten, pastosen Farbauftrag unterschiedlicher Intensität eine schemenhafte schwarze, figurale Komposition. In ihrer farblichen Gestalt hebt sie sich reliefartig von dem flächigen, roten Untergrund ab und strahlt durch das Eingreifen in den Umraum eine gewisse räumliche Präsenz aus. Die schwarze und rote Farbe stehen durch ihre unterschiedlichen Oberflächenqualitäten in einem spannungsvollen Kontrast. Zugleich interagieren sie aber durch ihre Vermengung und bilden eine flimmernde Einheit. Diese dialektische Bilderscheinung erzeugt neben einem optischen auch einen starken haptischen Reiz, sodass beim Betrachter gleich mehrere Sinne angesprochen werden. Dadurch werden Assoziationen ausgelöst, Erinnerungen aktiviert und Bedeutungen generiert werden, so dass das Bild und somit die Farbe zum Gegenstand der eigenen Reflexion werden.

---

[1] Kraft Bretschneider, »Das Materialbild und Emil Schumacher«, in: Galerie von Braunbehrens (Hg.): »Emil Schumacher und das Materialbild«, Ausst.-Kat., München 1998, S. 7.

Sam Francis

[1923 San Mateo, USA – 1994 Santa Monica, USA]

Untitled (SF68-127)
Acryl auf Papier /
Acrylic on paper
1968

41 x 33 cm
Rückseitig signiert, datiert und mit dem Nachlassstempel versehen sowie »SF68-127« und »PM« bezeichnet
Registriert unter der Nr. SF68-127 für das in Vorbereitung befindliche Werkverzeichnis der Papierarbeiten der Sam Francis Foundation, Glendale, USA
Provenienz: Nachlass des Künstlers (1994); Sammlung Bobbie und Bob Greenfield, Los Angeles (1999); Privatsammlung USA
Ausstellungen: Bobbie Greenfield Gallery, »Sam Francis: The Relationship of Drawings, Annotated Unique Proofs and Prints from the Edge and Fresh Air Period«, Santa Monica 1998

—

41 x 33 cm | 16 1/4 x 13 in
Signed, dated and stamped with the estate stamp also marked »SF68-127« and »PM« on the verso
The work has been registered as no. SF68-127 for the catalogue raisonné, currently being prepared by the Sam Francis Foundation, Glendale, USA
Provenance: Estate of the artist (1994); Collection Bobbie and Bob Greenfield, Los Angeles (1999); Private Collection USA
Exhibited: Bobbie Greenfield Gallery, »Sam Francis: The Relationship of Drawings, Annotated Unique Proofs and Prints from the Edge and Fresh Air Period«, Santa Monica 1998

Sam Francis wird 1923 geboren und zählt bereits 1958 zu den bekannten Vertretern des Abstrakten Expressionismus, wenngleich er vom Alter her einer zweiten Generation, nach den Pionieren Jackson Pollock, Franz Kline und Willem de Kooning zugerechnet werden muss. Im selben Jahr ist er in der vom Museum of Modern Art organisierten Wanderausstellung »The New American Painting« vertreten, die weltweit auf Tournee geht. Seine weltoffene Art und sein ausgeprägtes Interesse an fremden Kulturen führen den Künstler in den folgenden Jahren nach Thailand, Indien, Japan und Mexiko. Bereits früh finden Ausstellungen und Ausstellungsbeteiligungen nicht nur in den USA, sondern auch in Europa und Japan statt, weswegen Francis zeitweise gleichzeitig Ateliers in Paris, New York, Santa Barbara, Bern und Tokio führt.

Während Francis in dieser Phase den stilistischen Wandel von vorwiegend monochromen Bildern zu flächendeckenden, mehrfarbigen Kompositionen bereits vollzogen hat, führt es ihn ab Mitte der 1950er Jahre wieder in eine neue Richtung. 1958 lernt er die japanische Malerin Teruko Yokoi kennen, die er ein Jahr später zu seiner dritten Ehefrau nimmt. Die Auseinandersetzung mit der japanischen Kultur und dem Zen-Buddismus wird sich erst nach einiger Zeit und am deutlichsten um das Jahr 1968, in seinem Werk bemerkbar machen. In der Minami Gallery in Tokio präsentiert Francis seine ersten »Edge Paintings«, bei denen er nur die äußeren Ränder der Leinwände bemalt, die Bildmitte hingegen vollständig frei lässt. Es eröffneten sich Analogien zur meditativen Leere in der Asiatischen Kunst, als Ausdruck eines »state of pure-like-mediation, total and uninterrupted silence, before the sea of space at their center.«[1]

Unsere Papierarbeit aus demselben Jahr verdeutlicht diesen Ansatz beispielhaft. Der radikalen Strenge der Leinwände entgegen, gewährt Francis seinen Papierarbeiten mehr Spielraum. Durch sichtlich schnellen Auftrag verteilt sich die Farbe an den Rändern des Blattes und kreist wie ein Wirbel um die leere Mitte herum. Nur einzelne Farbspritzer verirren sich in die innere Fläche. Die Aussparung des weißen Untergrundes führt zu einem Nachdenken über das Bild selbst. Die Farbe als Versuch, die Stille des Weiß' zu erfassen und ihr durch die Rahmung entsprechenden Raum zu geben. Das Blatt, der Maluntergrund selbst, wird somit zum eigentlich Thema des Werkes. Auf die Frage, warum er in seinen Bildern die Mitte freilassen würde, antwortet Francis: »The Space at the center of these paintings is reserved for you«[2] und eröffnet damit einen konkreten Raum für die Phantasie des Betrachters.

[1] Debra Burchett-Lere, (Hg.), »Sam Francis. Catalogue Raisonné of Canvas and Panel Paintings 1946-1994«, Kalifornien 2011, S. 98.
[2] Aus dem Video »Sam Francis« von 1984, verteilt durch Michael Blackwood, New York, zit. nach Annabelle Birnie, »introduction«, in: »Sam Francis«, Ausst.-Kat. Gallery Delvaive, Amsterdam o. J., S. 4.

Sam Francis

[1923 San Mateo, USA –
1994 Santa Monica, USA]

Untitled (SF82-263)
Acryl auf Papier /
Acrylic on paper
1982

35,5 x 49,5 cm
Rückseitig gestempelt signiert sowie mit dem Nachlassstempel versehen und »SF82-263« bezeichnet
Registriert unter der Nr. SF82-263 für das in Vorbereitung befindliche Werkverzeichnis der Papierarbeiten der Sam Francis Foundation, Glendale, USA
Provenienz: Nachlass des Künstlers (1994); Chalk & Vermilion Art, Greenwich, USA (1999); Martin Lawrence Galleries, USA; Privatsammlung Tokio
Literatur: David Pagel, »Sam Francis: Remaking the World«, Ausst.-Kat. Las Vegas Art Museum, Las Vegas 2002, Abb. S. 51
Ausstellungen: Las Vegas Art Museum, »Sam Francis: Remaking the World«, Las Vegas 2002

—

35.5 x 49.5 cm | 14 x 19 1/2 in
Signed with a stamp and stamped with the estate stamp on the verso and marked »SF82-263«
The work has been registered as no. SF82-263 for the catalogue raisonné, currently being prepared by the Sam Francis Foundation, Glendale, USA
Provenance: Estate of the artist (1994); Chalk & Vermilion Art, Greenwich, USA (1999); Martin Lawrence Galleries, USA; Private Collection Tokyo
Literature: David Pagel, »Sam Francis: Remaking the World«, exh.cat. Las Vegas Art Museum, Las Vegas 2002, ill. p. 51
Exhibited: Las Vegas Art Museum, »Sam Francis: Remaking the World«, Las Vegas 2002

Karl Otto Götz

[1914 Aachen – lebt & arbeitet im Westerwald]

o. T. aus der Folge »Schattenschreie«
Gouache auf Papier /
Gouache on paper
1992

31,5 x 24,5 cm
Signiert
Rückseitig nochmals signiert, datiert, betitelt und »(Schema 1953)« bezeichnet sowie mit dem persönlichen Signet (Federzeichnung: Selbstbildnis mit Pfeife) versehen
Provenienz: Sammlung Rissa Götz; Privatsammlung Rheinland

—

31,5 x 24,5 cm | 12 1/2 x 9 2/3 in
Signed
Again signed, dated and marked »(Schema 1953)« and also with the personal signet (self-portrait with pipe) on the verso
Provenance: Collection Rissa Götz; Private Collection Rhineland

Karl Otto Götz wurde 1914 in Aachen geboren und setzte sich schon in jungen Jahren mit zeitgenössischer, avantgardistischer Malerei auseinander. Dieser Diskurs sollte Götz schließlich zur Gegenstandslosigkeit führen, für die er, als Wegbereiter des deutschen Informels, hochgeschätzt wird. Obwohl das vor dem Zweiten Weltkrieg entstandene Frühwerk bei einem Bombenangriff auf Dresden fast völlig zerstört und sein künstlerisches Schaffen von den Nationalsozialisten durch ein Ausstellungs- und Malverbot in die Schranken gewiesen wird, pflegt Götz seine Kontakte zur modernen Kunstszene in Deutschland, sodass er sich in den Nachkriegsjahren zum Vorbild einer ganzen Generation entwickelt. Als einziges deutsches Mitglied der progressiven Künstlervereinigung »CoBrA«, die der Abstraktion eine neue, expressive Richtung verleihen will, ist Götz an den ersten, großen öffentlichen Auftritten der Gruppe im Stedelijk Museum Amsterdam (1949) und im Palais des Beaux-Arts in Liège (1951) beteiligt. Seine Entwicklung führt über surrealistische und intuitiv-experimentelle Ausdrucksformen und ist nach Auflösung der Gruppe im Jahr 1952 so gefestigt, dass sich die Arbeiten des Künstlers bis in sein Spätwerk hinein nicht mehr wesentlich verändern sollten. Im Deutschland der Nachkriegszeit veranstaltet die Künstlergruppe »Quadriga«, mit Götz und drei weiteren »Neuexpressionisten« besetzt, die erste Informel-Ausstellung in Westdeutschland, in der die neue Form der Abstraktion der breiten Öffentlichkeit präsentiert wird. Die Form entspringt dabei, wie im Surrealismus, dem Unbewussten und Unerwarteten; der Ausdruck hingegen ist experimentell und vollkommen gegenstandslos. Das Motiv erscheint spontan, unterliegt jedoch einem konzeptuellen Ordnungsprinzip und ist das Ergebnis von der Erarbeitung gedanklicher Schemata, die sich Götz vor dem eigentlichen Malakt in Form von bestimmten »[…] Richtungsverläufen der Farbhiebe und Rakelzüge vorstellt […] [und die] nichts mit einer eins-zu-eins-Vorzeichnung einer klassischen Komposition zu tun«[1] haben. Obwohl Götz vor der Produktion von Gemälden häufig skizzenhafte Studien anfertigt, um die Bildidee reifen zu lassen, geht die dem Informel abverlangte unbewusste Spontanität nie ganz verloren. Insbesondere bei der Herstellung von Serien kommen diese Schemata zum Ausdruck, zu denen auch die Gouache aus der Folge »Schattenschreie« von 1992 gehört. Selbst in diesem relativ kleinformatigen Werk kommen die Grundprinzipien seiner gemalten Poesie zum Vorschein: die Auflösung der Form, die durch die Farbe eingefangene Schnelligkeit ihres Auftrages sowie die expressive Farbwirkung in der Komposition. Die drei Farbkomponenten Blau, Schwarz und das Weiß des Hintergrundes steigern sich so zu einer eindringlichen Gesamterscheinung, die für sein Werk sehr typisch erscheint.

1 Die Galerie (Hg.), »Karl Otto Götz«, Frankfurt 2014.

Hans Hartung

[1904 Leipzig – 1989 Antibes]

L-23-1974
Lithographie auf Velin /
Lithograph on Velin
1974

Darstellung: 63,6 x 80,5 cm
Blatt: 76 x 106 cm
Signiert und »15/90« nummeriert
Auflage: 90
Provenienz: Privatsammlung Süddeutschland

—

Image: 63.6 x 80.5 cm | 25 x 31 2/3 in
Sheet: 76 x 106 cm | 30 x 41 1/3 in
Signed and numbered «15/90»
Edition of 90
Provenance: Private Collection Southern Germany

Josef Albers [1888 Bottrop – 1976 New Haven, USA]

SP-II / SP-III / SP VI / SP IV
Farbserigraphie auf Schöllershammer Karton /
Colour serigraph on Schollershammer board
1967

SP-II
Darstellung: 49,5 x 49,5 cm
Blatt: 61,6 x 61,6 cm
Signiert und datiert »A'67« sowie betitelt und »15-125« nummeriert
Auflage: 125; gedruckt und publiziert von Edition Domberger, Stuttgart, für die Galerie »Der Spiegel«, Köln; entstammt einem Set von insgesamt 12 Siebdrucken
Werkverzeichnis Danilowitz 2010 Nr. 175.2
Provenienz: Privatsammlung Norddeutschland
Literatur: Brenda Danilowitz, »The Prints of Josef Albers. A Catalogue Raisonné 1915-1976«, Manchester 2010, Nr. 175.2
—
Image: 49.5 x 49.5 cm | 19 1/2 x 19 1/2 in
Sheet: 61.6 x 61.6 cm | 24 1/4 x 24 1/4 in
Signed and dated »A'67« also titled and numbered »15-125«
Edition of 125, printed and published by Edition Domberger, Stuttgart, for gallery »Der Spiegel«, Cologne; part of a portfolio of 12 prints
Catalogue Raisonné by Danilowitz 2010 no. 175.2
Provenance: Private Collection Northern Germany
Literature: Brenda Danilowitz, "The Prints of Josef Albers. A Catalogue Raisonné 1915-1976«, Manchester 2010, no. 175.2

SP-III
Darstellung: 49,5 x 49,5 cm
Blatt: 61,6 x 61,6 cm
Signiert und datiert »A'67« sowie »PS-III« (sic.) betitelt und »15-125« nummeriert
Auflage: 125, gedruckt und publiziert von Edition Domberger, Stuttgart, für die Galerie »Der Spiegel«, Köln; entstammt einem Set von insgesamt 12 Siebdrucken
Werkverzeichnis Danilowitz 2010 Nr. 175.3
Provenienz: Privatsammlung Berlin
Literatur: Brenda Danilowitz, »The Prints of Josef Albers. A Catalogue Raisonné 1915-1976«, Manchester 2010, Nr. 175.3
—
Image: 49.5 x 49.5 cm | 19 1/2 x 19 1/2 in
Sheet: 61.6 x 61.6 cm | 24 1/4 x 24 1/4 in
Signed and dated »A'67« also titled »PS-III« (sic.) and numbered »15-125«
Edition of 125, printed and published by Edition Domberger, Stuttgart, for gallery »Der Spiegel«, Cologne; part of a portfolio of 12 prints
Catalogue Raisonné by Danilowitz 2010 no. 175.3
Provenance: Private Collection Berlin
Literature: Brenda Danilowitz, »The Prints of Josef Albers. A Catalogue Raisonné 1915-1976«, Manchester 2010, no. 175.3

SP-IV
Darstellung: 49,5 x 49,5 cm
Blatt: 61,6 x 61,6 cm
Signiert und datiert »A'67« sowie betitelt und »épreuve I/V« nummeriert
Auflage: 125; gedruckt und publiziert von Edition Domberger, Stuttgart, für die Galerie »Der Spiegel«, Köln; entstammt einem Set von insgesamt 12 Siebdrucken
Werkverzeichnis Danilowitz 2010 Nr. 175.4
Provenienz: Privatsammlung Rheinland
Literatur: Brenda Danilowitz, »The Prints of Josef Albers. A Catalogue Raisonné 1915-1976«, Manchester 2010, Nr. 175.4
—
Image: 49.5 x 49.5 cm | 19 1/2 x 19 1/2 in
Sheet: 61.6 x 61.6 cm | 24 1/4 x 24 1/4 in
Signed and dated "A'67« also titled and numbered "épreuve I/V«
Edition of 125, printed and published by Edition Domberger, Stuttgart, for gallery "Der Spiegel«, Cologne; part of a portfolio of 12 prints
Catalogue Raisonné by Danilowitz 2010 no. 175.4
Provenance: Private Collection Rhineland
Literature: Brenda Danilowitz, "The Prints of Josef Albers. A Catalogue Raisonné 1915-1976«, Manchester 2010, no. 175.4

SP VI
Darstellung: 49,5 x 49,5 cm
Blatt: 61,6 x 61,6 cm
Signiert und datiert »A'67« sowie betitelt und »51-125« nummeriert
Auflage: 125; gedruckt und publiziert von Edition Domberger, Stuttgart, für die Galerie »Der Spiegel«, Köln; entstammt einem Set von insgesamt 12 Siebdrucken
Werkverzeichnis Danilowitz 2010 Nr. 175.6
Provenienz: Privatsammlung USA
Literatur: Brenda Danilowitz, »The Prints of Josef Albers. A Catalogue Raisonné 1915-1976«, Manchester 2010, Nr. 175.6
—
Image: 49.5 x 49.5 cm | 19 1/2 x 19 1/2 in
Sheet: 61.6 x 61.6 cm | 24 1/4 x 24 1/4 in

Signed and dated »A'67« also titled and numbered »51-125«
Edition of 125, printed and published by Edition Domberger, Stuttgart, for gallery »Der Spiegel«, Cologne; part of a portfolio of 12 prints
Catalogue Raisonné by Danilowitz 2010 no. 175.6
Provenance: Private Collection USA
Literature: Brenda Danilowitz, »The Prints of Josef Albers. A Catalogue Raisonné 1915-1976«, Manchester 2010, no. 175.6

Josef Albers beginnt seine berühmte Serie der sogenannten »Homages to the Square« erst in relativ hohem Alter. Nachdem er in Europa bereits erfolgreich als Künstler und Lehrer am Bauhaus gearbeitet hatte, wandert er 1933 mit seiner Frau Anni auf Einladung des Black Mountain College, wo beide einen Lehrauftrag wahrnehmen, nach Amerika aus. Hatte er sich in Deutschland vorrangig mit Zeichnung und Glas beschäftigt und in den USA zunächst aus Materialknappheit mit Druckgraphik, beginnt er 1949/50, im Alter von 62 Jahren, sich mit einer immensen wissenschaftlichen Neugier nahezu ausschließlich mit Malerei und der Wirkungsweise der Farben zu beschäftigen.

Seine Aufmerksamkeit gilt vorrangig den wechselseitigen Beziehungen der Farben, die er für seine formal äußerst vereinfachten, minimalistischen Gemälde übereinanderliegender Quadrate verwendet. Mittels sensibel gewählter Farbkombinationen suggeriert der Künstler nicht nur Dreidimensionalität. Auch die deutliche Beeinflussung der Wahrnehmung eines Farbtons durch den in direkter Umgebung befindlichen Farbton verdeutlicht der Künstler anhand seiner systematischen Malerei mit ungemischten, industriell gefertigten Farben. Der Künstler beschreibt diese Phänomene als Diskrepanz zwischen physiologischem Faktum und psychologischem Effekt. Sein Anliegen ist es, dem Betrachter zu vermitteln, dass Farbe immer Täuschung ist und wir sie nie als das sehen, was sie wirklich ist.

Die Werke sind jedoch nicht bloßer Ausdruck der Freude am Experiment mit Farbe. Trotz ihrer Rationalität und minimalistischen Reduktion, spricht aus ihnen die emotionale Stimme des Künstlers: »Color in my opinion behaves like man – in two distinct ways: first in self-realization and then in the realization of relationships with others. In my paintings I have tried to make two polarities meet – independence and interdependence […]. One must combine both being an individual and being a member of society.«[1]

Die Graphiken des SP-Portfolios verdeutlichen diese Intentionen auf eine ganz klare Art und Weise. Auf dem Blatt SP-III werden die drei grauen Flächen, die sich vom Zentrum hin nach Außen abschwächen von einer intensiven, grünen Fläche umrandet. Während die Grautöne für sich gesehen allesamt als neutral angesehen werden müssen, verfärbt sich die gesamte Wahrnehmung durch die Präsenz des Grüns, sodass auch die inneren Felder minimal grün wirken. Im Blatt SP-VI setzt Albers mehrere intensive Farben gegeneinander. In ihrer Kombination potenzieren sich diese in ihrer Leuchtkraft. Im Vergleich zu den Gemälden, die bei aller Strenge noch eine künstlerische Handschrift, einen Duktus bzw. eine unebene Maloberfläche dulden, erreicht Albers im Siebdruckverfahren einen nahezu vollkommenen Grad an industrieller Perfektion, der es ihm ermöglicht, seine Ideen einem großen Publikum zugänglich zu machen.

[1] »Meiner Meinung nach verhält sich Farbe wie ein Mensch – auf zwei verschiedene Weisen: zunächst als Individuum und dann in Relation zu anderen. In meinen Bildern habe ich versucht, diese beiden Pole zu verbinden – Unabhängigkeit und Abhängigkeit […]. Man muss beides kombinieren, ein Individuum zu sein und ein Mitglied der Gesellschaft.«, vgl. Katherine Kuh, »The Artist's Voice. Talks with seventeen artists«, New York 2000, S. 11.

96 Josef Albers

SP-II

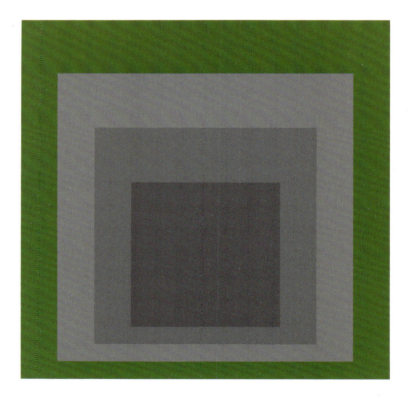

SP-III

SP-IV

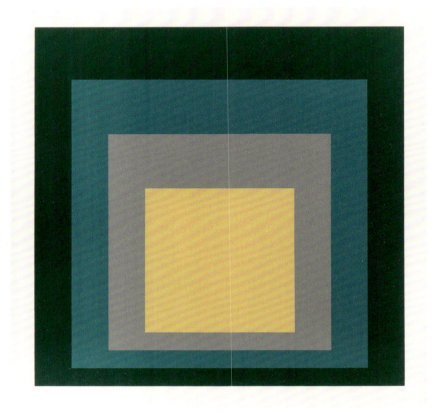

SP-VI

Gotthard Graubner

[1930 Erlbach/Vogtland – 2013 Neuss]

Ohne Titel
Gouache auf Papier /
Gouache on paper
1975

99,5 x 69,7 cm
Signiert, »75« datiert und mit der Widmung »Für PP« versehen
Sowie rückseitig »Nr. 6« bezeichnet
Provenienz: Atelier des Künstlers; Privatsammlung Berlin

—

99.5 x 69.7 cm | 39 1/4 x 27 1/2 in
Signed, dated »75« and dedicated »Für PP«
Also marked »Nr. 6« on the verso
Provenance: The artist's studio; Private Collection Berlin

Gotthard Graubner [1930 Erlbach/Vogtland – 2013 Neuss]

Yello
Mischtechnik auf Leinwand über Synthetikwatte auf Nessel /
Mixed technique on canvas over synthetic cotton on canvas
1998/1999

133 x 105 x 23 cm
Rückseitig signiert, datiert und betitelt
Wir danken Frau Kitty Kemr für die mündliche Bestätigung
der Echtheit des Werkes
Provenienz: Galerie Karsten Greve, Köln; Privatsammlung
Nordrhein-Westfalen

—

133 x 105 x 23 cm | 52 1/3 x 41 1/3 x 9 in
Signed, dated and titled on the verso
We thank Mrs Kitty Kemr for the oral confirmation
of the work's authenticity
Provenance: Galerie Karsten Greve, Cologne; Private
Collection North Rhine-Westphalia

»Ich benutze Farbe nicht als Illustration von literarischen Themen. Farbe ist mir selbst Thema genug.«[1] Gotthard Graubner, 1930 im sächsischen Erlbach geboren und 2013 in Neuss gestorben, zählt zu den herausragenden Vertretern der gegenstandslosen Malerei. Seit den 1960er Jahren hat er mit experimenteller Neugier die Grenzen des Mediums immer wieder aufs Neue verschoben und mit seinen »Farbraumkörpern« ein neues Terrain in der Malerei erschlossen. Er lässt die Farbe unabhängig von gegenständlicher oder thematischer Einbindung ein Eigenleben entfalten. Seine anfangs noch an die zweidimensionale Fläche gebundenen Werke greifen von Jahr zu Jahr immer stärker in den Raum ein und werden seit Mitte der 1960er Jahre sogar zu dreidimensionalen Körpern, den so genannten »Farbraumkörpern«[2], für die der Künstler weithin bekannt ist. Die intimen und besonders ausdrucksstarken Papierarbeiten prägen Graubners Schaffen bis in die 1970er Jahre. Anschließend konzentriert sich der Künstler nahezu ausschließlich auf die »Farbraumkörper« in denen seine Suche nach einem grundlegenden Umgang mit Farbe und Raum gipfelt. Diese entstehen nicht mehr auf einer planen Malgrundlage; vielmehr sind es raumgreifende Körper. Der Künstler zieht den Leinwandgrund – meist Nessel – auf den Keilrahmen auf und bedeckt ihn mit einer gleichmäßigen Schicht Synthetikwatte. Diese Schicht kann zwischen 4 bis 15 cm dick sein. Darüber wird eine zweite Stoffschicht gespannt, so dass die Ecken und Seitenkanten abgerundet abschließen. Gotthard Graubner bearbeitet diese Bildkörper flach auf dem Boden liegend und überzieht sie mit dünnflüssigen Schichten von Ölfarbe. Der Bildträger wird mit den Farben getränkt und von allen Seiten mit einem langstieligen Besen, häufig in kreisenden oder rhythmischen Bewegungen, eingerieben. Nacheinander werden verschiedene Farben lasierend aufgetragen, die Watte saugt dabei große Mengen an Flüssigkeit auf. Die Farbwirkung entsteht im Endeffekt aus der Mischung vieler übereinanderliegender, hauchdünner Farbschichten. Ein herausragendes Beispiel dafür ist unsere Arbeit »Yello« (1998/99), bei der Graubner verschiedene Gelbtöne sowie Abstufungen von Orange- und Rottönen verwendet hat. Das Werk zeigt anschaulich, was Farbe für den Künstler bedeutet und wie er sie geradezu zelebriert; die verschieden übereinanderliegenden Farbschichten vermengen und verstärken sich gegenseitig. Die ausgefeilte Misch- und Lasurtechnik in Kombination mit dem sehr saugstarken Bildträger lässt die Werke lebendig und vielfältig erscheinen. Hier wird nachvollziehbar, dass für den Künstler Farbe erst »erfahrbar durch Ihre Nuance«[3] wird und Farbe für ihn »Thema genug«[4] ist. Der Künstler arbeitet bis zu seinem Tod im Jahr 2013 zu Farbe und Form als grundlegendem Problem der Malerei. Wichtige Stationen seiner Karriere sind zahlreiche Teilnahmen an der documenta in Kassel, die Einrichtung des Deutschen Pavillons auf der Biennale di Venezia (1982) sowie die als Auftragsarbeiten entstandenen Bilder für den Amtssitz des Bundespräsidenten im Schloss Bellevue in Berlin.

1 Zit. nach: Hamburger Kunsthalle (Hg.), »Gotthard Graubner«, Auss.-Kat., Hamburg 1975/76, S. 86.
2 Der Begriff des »Farbraumkörpers« wurde von Gotthard Graubner selbst gewählt.
3 Zit. nach: Uwe Witzorek, »Gotthard Graubner. Malerei«, Auss.-Kat., Kunstmuseum Liechtenstein, Düsseldorf 2010, S. 21.
4 Zit. nach: Ebenda, S. 20.

Gerhard Richter [1932 Dresden – lebt & arbeitet in Köln]

Ohne Titel (23.1.89)
Öl auf Photographie /
Oil on photograph
1989

10,5 x 15 cm
Signiert und »23.1.89« datiert
Provenienz: Sammlung Liliane & Michel Durand-Dessert, Paris; Sammlung Philippe & Carine Méaille, Frankreich; Cornette de Saint-Cyr (2002); Privatsammlung Wien

—

10.5 x 15 cm | 4 1/4 x 6 in
Signed and dated »23.1.89«
Provenance: Collection Liliane & Michel Durand-Dessert, Paris; Collection Philippe & Carine Méaille, France; Cornette de Saint-Cyr (2002); Private Collection Vienna

Nach seinem Weggang aus Dresden im Jahr 1961 lebt Gerhard Richter in Düsseldorf, wo er an der Kunstakademie studiert und später als Professor eine Malklasse leitet. Im Jahr 1983 zieht er zusammen mit seiner zweiten Frau – der Künstlerin Isa Genzken – nach Köln, wo ihm sein damaliger Kölner Galerist Rudolf Zwirner ein großes Studio in einer alten Fabrik vermittelt hatte. Als Richter mit dem Übermalen von Fotografien beginnt, hat seine Karriere bereits einen ersten Höhepunkt erreicht. 1986 richtet ihm die Kunsthalle Düsseldorf eine große Retrospektive aus, die anschließend in Berlin, Bern und Wien gezeigt wird. Die Kritik ist begeistert von der Schau und auch auf dem Kunstmarkt kann Richter bereits guten Erfolg verbuchen.

Das vorliegende übermalte Foto ist nur wenige Jahre nach dieser Ausstellung entstanden und zählt zu der ersten Werkgruppe übermalter Fotografien überhaupt. Die Fotografie ist zum Großteil mit Farbe bedeckt, sodass es ein Rätsel bleibt, was alles auf dem Foto selbst zu sehen war. In der oberen rechten Ecke erhascht man jedoch noch einen Blick auf einen Strommast vor einem wolkenbehangenen Himmel. Die letzte Sonnenstunde färbt dort den Himmel in einen pastellfarbenen Orangeton, während schon wenige Zentimeter weiter links das Dunkel grauer Wolken dominiert. Die dramatische Farbwelt des Sonnenuntergangs übernimmt Richter für seine nachträglich durchgeführte Übermalung, die sich in Richtung der unteren linken Ecke hin ausbreitet. Die verwendeten Ölfarben, in diesem Fall Grau, Braun, Schwarz, Weiß sowie ein zartes Orange, werden mithilfe eines Rakels aufgetragen, an dem noch die Farbreste eines unmittelbar zuvor durchgeführten Malvorgangs haften. Vermutlich wählte Richter ein Fotomotiv, das mit den vorhandenen Farben harmonierte. Trotz dieser Einflussnahme bleibt das Ergebnis – bis zu einem gewissen Grad – dem Zufall überlassen.

Auch im vorliegenden Werk tritt die Darstellung der Fotografie in eine spannungsreiche Auseinandersetzung mit der zufällig auf das Bild treffenden Farbe. Richter erklärt jenes Spannungsfeld zwischen Malerei und Fotografie wie folgt: »Die Fotografie hat fast keine Realität, ist fast nur Bild. Und die Malerei hat immer Realität, die Farbe kann man anfassen, sie hat Präsenz; sie ergibt aber immer ein Bild – egal, wie gut oder schlecht. Theorie, die nichts bringt. Ich habe kleine Fotos gemacht, die ich mit Farbe beschmierte. Da ist etwas von dieser Problematik zusammengekommen, und das ist ganz gut, besser als das, was ich darüber sagen konnte.«[1] Das Aufeinandertreffen der drei Gegensätze Figuration vs. Abstraktion, reliefartige Malerei vs. Fläche der Fotografie sowie Illusion der Fotografie vs. Realität der Farbmasse erzeugt im Zusammenspiel mit dem Zufall besonders reizvolle Ergebnisse großer Spannung und Energie. Die Bedeutung der Werkgruppe ist weitaus größer als das relativ kleine Format zunächst anzudeuten vermag.

1   Gerhard Richter in einem Interview mit Jonas Storsve 1991, zit. nach Dietmar Elger und Hans-Ulrich Obrist, »Gerhard Richter. Text 1961 bis 2007. Schriften, Interviews, Briefe«, Köln 2008, S. 278.

Originalgröße / real size

Gerhard Richter

[1932 Dresden – lebt & arbeitet in Köln]

Ohne Titel (17.12.85)
Aquarell und Öl auf Papier /
Watercolour and oil on paper
1985

16 x 24 cm
Rückseitig signiert und »17.12.85« datiert
Provenienz: Privatsammlung Rheinland; Galerie Ludorff, Düsseldorf (bis 2011); Privatsammlung Belgien
Literatur: Galerie Ludorff, »Gerhard Richter«, Düsseldorf 2013, S. 24; »Gerhard Richter. Werken op papier 1983-1986. Notities 1982-1986.«, Ausst.-Kat. Museum Overholland, Amsterdam 1987, o.S.
Ausstellungen: Galerie Ludorff, »Gerhard Richter. Abstrakte Bilder«, Düsseldorf 2013

—

16 x 24 cm | 6 1/3 x 9 1/2 in
Signed and dated »17.12.85« on the verso
Provenance: Private Collection Rhineland; Galerie Ludorff, Dusseldorf (until 2011); Private Collection Belgium
Literature: Galerie Ludorff, »Gerhard Richter«, Dusseldorf 2013, p. 24; »Gerhard Richter. Werken op papier 1983-1986. Notities 1982-1986.«, exh.cat. Museum Overholland, Amsterdam 1987, n.pag.
Exhibited: Galerie Ludorff, »Gerhard Richter. Abstrakte Bilder«, Dusseldorf 2013

Konrad Klapheck [1935 Düsseldorf – lebt & arbeitet in Düsseldorf]

Die Ungeduld der Sphinx
Farblithographie auf Velin /
Colour lithograph on Velin
1998

Darstellung: 36,5 x 46,8 cm
Blatt: 56 x 71 cm
Signiert, »47/100« nummeriert und »L'impazienza della sfinge« betitelt
Auflage: 100 sowie einige h.c.
Gedruckt von Peter Bramsen, Paris
Werkverzeichnis Wessolowski 2015 Nr. 39b
Provenienz: Privatsammlung Italien
Literatur: Tanja Wessolowski, »Konrad Klapheck. Werkverzeichnis der Druckgraphik«, in: Siegfried Gohr/Isabel Siben (Hg.), »Konrad Klapheck. Das graphische Werk«, Ausst.-Kat., Kunstfoyer, Versicherungskammer Kulturstiftung, München 2015, Nr. 39b
Ausstellungen: Kunstfoyer, Versicherungskammer Kulturstiftung, »Konrad Klapheck: Das Graphische Werk«, München 2015

—

Image: 36.5 x 46.8 cm | 14 1/3 x 18 1/2 in
Sheet: 56 x 71 cm | 22 x 28 in
Signed, numbered »47/100« and titled »L'impazienza della sfinge«
Edition of 100 and several h.c.
Printed by Peter Bramsen, Paris
Catalogue Raisonné by Wessolowski 2015 no. 39b
Provenance: Private Collection Italy
Literature: Tanja Wessolowski, »Konrad Klapheck. Werkverzeichnis der Druckgraphik«, in: Siegfried Gohr/Isabel Siben (ed.), »Konrad Klapheck. Das graphische Werk«, exh.cat., Kunstfoyer, Versicherungskammer Kulturstiftung, Munich 2015, no. 39b
Exhibited: Kunstfoyer, Versicherungskammer Kulturstiftung, »Konrad Klapheck: Das Graphische Werk«, Munich 2015

Während in den 1950er bis 1960er Jahren in Deutschland alles im Zeichen der spirituellen Gesten des Informel steht und in den USA der Abstrakte Expressionismus das Action Painting und die Farbfeldmalerei gefeiert werden, beschäftigt sich Konrad Klapheck bereits seit 1955 mit seinem bis heute zentralen Bildmotiv – mit Maschinen und Gebrauchsgegenständen. Thematisch greift er der Pop-Art vor, die sich wenig später zunächst euphorisch und schließlich kritisch und ironisch mit der westlichen Konsum-, Medien- und Alltagswelt auseinandersetzt.

Seine Gegenstände und Maschinen stellt der Künstler in einer scheinbar realistischen Manier dar. Dabei geht es ihm weder darum, die von ihm gewählten Gegenstände, wie etwa Schreib- und Nähmaschinen, Schlüssel, Bügeleisen, Räder oder Telefone heroisierend in ihrer technischen Perfektion darzustellen und ihre Funktionalität anzupreisen. Noch geht es ihm darum, sie in ihrer mittlerweile massenhaft gewordenen Herstellung und ihrem Gebrauch zu beurteilen. Klapheck betrachtet die Gegenstände vielmehr als amorphe Gestalten.[1] Er stilisiert und vereinfacht die Maschinen und wählt eine bestimmte Perspektive aus, um ihre Individualität und Spezifität herauszuarbeiten. Die Komposition als solche steht unumstritten im Vordergrund. Die Maschinen werden stark vergrößert in Nahaufnahme dargestellt. Sie füllen oft das gesamte Bildformat aus und werden auf diese Weise dem Betrachter im wahrsten Sinne des Wortes nähergebracht. Der zumeist monochrome und unbestimmbare Hintergrund unterstreicht die geheimnisvolle Atmosphäre.

In unserer Farblithographie »Die Ungeduld der Sphinx« aus dem Jahre 1998[2] erscheint die Nähmaschine anmutig in der Bildmitte zentriert und im Profil dargestellt. Im unteren Bereich stellt der Künstler das Objekt gegen einen rostschwarzen Hintergrund, der nach oben bald in ein magisches Grün übergeht, das der gesamten Darstellung eine intensive Energie verleiht. Klapheck vermischt bewusst die Genres Stillleben und Portraitdarstellung und kreiert auf diese Weise eine surreal anmutende Dingwelt, in der der Nähmaschine anthropomorphe Züge verliehen werden.[3] Er spricht ihr sogar einen bestimmten Charakter zu, wenn er sie mit einem floralen Muster schmückt und durch die Profildarstellung bestimmte Gesichts- und Körpermerkmale betont und der »Sphinx« die menschlichen Eigenschaften der Ungeduld zuschreibt.

Dabei kann spekuliert werden, ob sich der Künstler formal und inhaltlich die Tierwelt zum Vorbild nahm oder ob er sich tatsächlich an historischen Darstellungen der Sphinx, einer Hybride aus Löwenkörper und menschlichem Kopf, orientiert haben mag.

1. »[…] Fast jede von ihnen ist eine anspruchsvoll und selbstbewusst auftretende Individualität, scheinbar totes Objekt aus einer Vielzahl gleicher Objekte, der Wirkung nach aber eine persönliches Lebewesen, eingepanzert in seine maschinelle Standardform.« Zit. Werner Schmalenbach »Konrad Klapheck. Objekte zwischen Fetisch und Libido«, in: »Klapheck«, Mailand 2002, S. 66.
2. Unser Blatt geht vermutlich auf das 105 x 135 cm große Ölgemälde »Verhängnis« (1989) aus der Sammlung Alberico Cetti Serbelloni, Mailand zurück. Die Nähmaschine ist vor einem vom Rot ins Gelb übergehenden Hintergrund platziert. Das druckgrafische Experimentieren mit Format und Farbe spricht für Klaphecks Anspruch der idealen Darstellung der Maschine.
3. Der Künstler wählt die Bildtitel selbst. Auffallend ist, dass Klapheck der Nähmaschine häufig eine weibliche Bezeichnung gibt wie »Die gekränkte Braut« (1957), »Die Intrigantin« (1964) oder »Die Supermutter« von 1969/75/94.

Konrad Klapheck [1935 Düsseldorf – lebt & arbeitet in Düsseldorf]

Fruchtbarkeit
Gouache über Radierung auf Papier /
Gouache over etching on paper
1960

Darstellung: 10,9 x 14,9 cm
Blatt: 15,9 x 22,3 cm
Signiert, datiert sowie mit dem Monogramm versehen und auf dem alten Unterlagekarton mit der Widmung »für Jaqueline zur Erinnerung an den 30.9.85 - sehr herzlich Konrad Klapheck« versehen
Auflage: Eines von etwa 10 handkolorierten Exemplaren; urspr. 75 Exemplare, 65 Exemplare vom Künstler zurückgezogen
Werkverzeichnis Wessolowski 2015 Nr. 1
Provenienz: Nachlass Prof. Dr. Werner Hofmann, Hamburg; Privatsammlung Berlin
Literatur: Tanja Wessolowski, »Konrad Klapheck. Werkverzeichnis der Druckgraphik«, in: Siegfried Gohr/Isabel Siben (Hg.), »Konrad Klapheck. Das graphische Werk«, Ausst.-Kat., Kunstfoyer, Versicherungskammer Kulturstiftung, München 2015, Nr. 1

—

Image: 10.9 x 14.9 cm | 4 1/3 x 5 3/4 in
Sheet: 15.9 x 22.3 cm | 6 1/4 x 8 3/4 in
Signed, dated also signed with the initials and dedicated »für Jaqueline zur Erinnerung an den 30.9.85 - sehr herzlich Konrad Klapheck« on the old underlying cardboard
Edition of ca. 10 hand-coloured copies; originally 75 copies, 65 copies have been withdrawn by the artist
Catalogue Raisonné by Wessolowski 2015 no. 1
Provenance: Estate of Prof. Dr. Werner Hofmann, Hamburg; Private Collection Berlin
Literature: Tanja Wessolowski, »Konrad Klapheck. Werkverzeichnis der Druckgraphik«, in: Siegfried Gohr/Isabel Siben (ed.), »Konrad Klapheck. Das graphische Werk«, exh.cat., Kunstfoyer, Versicherungskammer Kulturstiftung, Munich 2015, no. 1

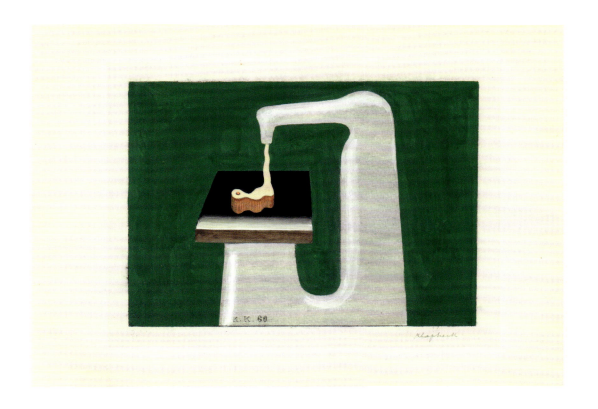

Franz Gertsch

[1930 Mörigen, Schweiz – lebt & arbeitet in Rüschegg, Schweiz]

Gräser I (Detail 3)
Holzschnitt auf Kumohadamashi Japanpapier /
Woodcut on Kumohadamashi Japan paper
2002

Darstellung: 47 x 64 cm
Blatt: 72 x 89 cm
Signiert und »ea« bezeichnet sowie rückseitig »3-1 ea« bezeichnet
Eins von insgesamt 6 Details aus dem großen Holzschnitt »Gräser I«, 1999-2000, jeweils erschienen in 6 verschiedenen Farben
Auflage: je 5 + e.a.
Verleger: Museum Franz Gertsch, Burgdorf
Vorläufiges Werkverzeichnis Mason 2013 Nr. 22. Detail 3
Provenienz: Museum Franz Gertsch, Burgdorf; Privatsammlung Schweiz
Literatur: Andrea Firmenich/Johannes Janssen (Hg.), »Franz Gertsch Holzschnitte. Aus der Natur gerissen«, Ausst.-Kat., Museum Sinclair-Haus/Altana Kulturstiftung, Köln 2013, Abb. S. 123
Ausstellungen: Museum Sinclair-Haus/Altana Kulturstiftung, »Franz Gertsch Holzschnitte. Aus der Natur gerissen«, Bad Homburg 2013; Galerie Kornfeld, »Franz Gertsch. Holzschnitte - ausgewählte Separatdrucke«, Bern 2011

—

Image: 47 x 64 cm | 14 1/3 x 18 1/2 in
Sheet: 72 x 89 cm | 22 x 28 in
Signed and marked »ea« also marked »3-1 ea« on the verso
One of 6 details of the bigger woodcut »Gräser I«, 1999-2000, each published in 6 different colours
Edition of 5 + e.a.
Publisher: Museum Franz Gertsch, Burgdorf
Interim Catalogue Raisonné by Mason 2013 no. 22. detail 3
Provenance: Museum Franz Gertsch, Burgdorf; Private Collection Switzerland
Literature: Andrea Firmenich/Johannes Janssen (ed.), »Franz Gertsch Holzschnitte. Aus der Natur gerissen«, exh.cat., Museum Sinclair-Haus/Altana Kulturstiftung, Bad Homburg 2013, ill. p. 123
Exhibited: Museum Sinclair-Haus/Altana Kulturstiftung, »Franz Gertsch Holzschnitte. Aus der Natur gerissen«, Bad Homburg 2013; Galerie Kornfeld, »Franz Gertsch. Holzschnitte - ausgewählte Separatdrucke«, Bern 2011

Fragte man sich bei Jasper Johns noch »Is it a flag or a painting?«, muss es bei Franz Gertschs Gemälden heißen »Is it a painting or a photography?« Der für seine hochpräzisen und großformatigen Arbeiten bekannte Schweizer Künstler löst die Grenze zwischen Malerei und Fotografie gänzlich auf. Im Fahrwasser der amerikanischen Pop Art und des neuen Fotorealismus der 1970er Jahre, zählt Gertsch neben Künstlern wie Chuck Close aber auch Europäern wie Gerhard Richter zu den wichtigsten Vertretern dieser Kunstperiode.
In den 1970er Jahren widmete sich Gertsch vornehmlich der Hippiekultur, der Großstadt sowie ihren Subkulturen. Insbesondere der urbanen Bohème und ihren Stars wie Patti Smith setzte Gertsch beeindruckende, gemalte Denkmäler. So sind es ganz nebensächliche Szenen wie das gegenseitige Schminken und das Umziehen für eine Party, die Gertsch ins Monumentale vergrößert. Zwischen der Kurzweiligkeit der dargestellten Szenen und dem immensen Zeitaufwand, den er für die Fertigstellung seiner hyperrealistischen Gemälde benötigt, entsteht eine große Diskrepanz.
1986 kommt es im Werk Franz Gertschs jedoch zu einem Bruch mit der Malerei. Für die kommenden zehn Jahre wird der Künstler kein einziges Gemälde mehr produzieren. Anstelle von Pinsel und Leinwand wird er sich ausschließlich dem klassischen Medium des Holzschnitts zuwenden. Das für seine blockhaften Hell-Dunkel-Kontraste bekannte Druckverfahren, verfeinert und treibt Gertsch auf vielfältige Art und Weise voran. Durch die Bearbeitung der Druckplatte mit kleinen Hohleisen, mit denen er die Fäche mit winzigen Löchern übersäht, erreichen die Drucke einen Nuancenreichtum an Grau- und Zwischentönen, welcher gemeinhin in diesem Medium nicht möglich erschien. Diese eigens entwickelte pointilistische Technik erlaubt es dem Künstler eine für das Verfahren untypische Plastizität zu entwickeln, die alles andere als »holzschnitthaft« erscheint. Die Punktierung der Holztafel ruft eine leichte Vibration der monochromen Farbfläche hervor, sodass seine Motive von sanfter Bewegung ergriffen sind.
Zusehends widmet sich Franz Gertsch fast ausschließlich der Auseinandersetzung mit der Natur und den Möglichkeiten des Holzschnitts, die er auf monumentalen Druckplatten in bis zu 2 x 3 Meter Größe auch formatmäßig auszuloten scheint. Thematisch setzt er sich nun

nahezu ausschließlich mit Steinformationen, Flussläufen und insbesondere Gräsern auseinander, die er auf seine Druckplatten bannt und in sehr kleinen Auflagen druckt. Für jedes einzelne Blatt einer Edition wird oft ein anderer Farbton gewählt, sodass man seinen Drucken oft Unikatcharakter zusprechen kann. Von den besonders großen Motiven gibt Gertsch vereinzelt einen Ausschnitt der Gesamtansicht als kleinere Auflage heraus. So zeigt auch unsere Grafik »Gräser I (Detail 3)« ein Detail aus dem gleichnamigen Motiv »Gräser I« (1999-2000, 136,5 x 124,5 cm). Bei dem Blatt »Wasser« (S. 113) handelt es sich hingegen um ein eigenständiges Motiv. So bleibt Gertsch in seinem grafischen Werk dem Modus der naturgetreuen Darstellung treu, verfremdet aber die vorgefundene Natur durch die Reduktion der Farbigkeit. Seine »Landschaften in der Landschaft«[1] sind Ausdruck von Zeitlosigkeit und beanspruchen entgegen des steten Drangs nach Schnelligkeit einen Moment der Ruhe für sich.

1   Zit. Franz Gertsch, in: Andrea Firmenich/Johannes Jannsen (Hg.), »Franz Gertsch. Holzschnitte. Aus der Natur gerissen«, Köln 2013, S. 93.

Franz Gertsch

[1930 Mörigen, Schweiz –
lebt & arbeitet in Rüschegg, Schweiz]

Wasser
Holzschnitt auf Bütten /
Woodcut on hand made paper
2005

Darstellung: 47,5 x 38 cm
Blatt: 58 x 44,5 cm
Signiert und »19/20« nummeriert
Auflage: 20
Verleger: Kestnergesellschaft Hannover
Vorläufiges Werkverzeichnis Mason 2013 Nr. 39
Provenienz: Kestnergesellschaft Hannover; Privatsammlung Berlin
Literatur: Andrea Firmenich/Johannes Janssen (Hg.), »Franz Gertsch Holzschnitte. Aus der Natur gerissen«, Ausst.-Kat., Museum Sinclair-Haus, Bad Homburg 2013, Abb. S. 126
Ausstellungen: Museum Sinclair-Haus, »Franz Gertsch Holzschnitte. Aus der Natur gerissen«, ALTANA Kulturstiftung GmbH, Bad Homburg 2013

—

Image: 47.5 x 38 cm | 18 2/3 x 15 in
Sheet: 58 x 44.5 cm | 22 3/4 x 17 1/2 in
Signed and numbered »19/20«
Edition of 20
Publisher: Kestnergesellschaft Hannover
Interim Catalogue Raisonné by Mason 2013 no. 39
Provenance: Kestnergesellschaft Hanover; Private Collection Berlin
Literature: Andrea Firmenich/Johannes Janssen (ed.), »Franz Gertsch Holzschnitte. Aus der Natur gerissen«, exh.cat., Museum Sinclair-Haus, Bad Homburg 2013, ill. p. 126
Exhibited: Museum Sinclair-Haus, »Franz Gertsch Holzschnitte. Aus der Natur gerissen«, ALTANA Kulturstiftung GmbH, Bad Homburg 2013

Hiroshi Sugimoto [1948 Tokio – lebt & arbeitet in New York]

Baltic Sea, Rügen
Silbergelatineabzug /
Gelatin silver print
1996

42 x 54,3 cm
Signiert sowie mit Prägestempel datiert, betitelt, »16/25« nummeriert und »452« bezeichnet
Auflage: 25
Provenienz: Galerie Meyer-Ellinger, Frankfurt; Privatsammlung Europa; Privatsammlung USA
Literatur: Kerry Brougher/Pia Müller-Tamm (Hg.), »Hiroshi Sugimoto«, Ausst.-Kat., K20 Düsseldorf/Museum der Moderne Salzburg/Nationalgalerie Berlin/Kunstmuseum Luzern, Ostfildern 2007, S. 140; Hirshhorn Museum and Sculpture Garden, Washington D.C./Mori Art Museum, Tokio (Hg.), »Hirsohi Sugimoto«, Ausst.-Kat., Ostfildern/New York 2005, S. 140
Ausstellungen: Mori Art Museum/Hirshhorn Museum and Sculpture Garden, »Hirsohi Sugimoto«, Tokio/Washington D.C. 2006; K20 Kunstsammlung Nordrhein-Westfalen/Museum der Moderne Salzburg/Nationalgalerie Berlin/Kunstmuseum Luzern, »Hirsohimo Sugimoto«, Düsseldorf/Salzburg/Berlin/Luzern 2007/09

—

42 x 54.3 cm / 16 1/2 x 21 1/3 in
Signed also with dated embossed stamp, titled, numbered »16/25« and marked »452«
Edition of 25
Provenance: Galerie Meyer-Ellinger, Frankfurt; Private Collection Europe; Private Collection USA
Literature: Kerry Brougher/Pia Müller-Tamm (ed.), »Hiroshi Sugimoto«, exh.cat., K20 Dusseldorf/Museum der Moderne Salzburg/Nationalgalerie Berlin/Kunstmuseum Luzern, Ostfildern 2007, p. 140; Hirshhorn Museum and Sculpture Garden, Washington D.C./Mori Art Museum, Tokyo (ed.), »Hirsohi Sugimoto«, exh.cat., Ostfildern/New York 2005, p. 140
Exhibited: Mori Art Museum/Hirshhorn Museum and Sculpture Garden, »Hirsohi Sugimoto«, Tokyo/Washington D.C. 2006; K20 Kunstsammlung Nordrhein-Westfalen/Museum der Moderne Salzburg/Nationalgalerie Berlin/Kunstmuseum Luzern, »Hirsohimo Sugimoto«, Dusseldorf/Salzburg/Berlin/Luzern 2007/09

»Kann jemand heute einen Schauplatz genau so sehen, wie ein urzeitlicher Mensch ihn gesehen haben mag?«[1] Diese Frage stellt sich der japanische Fotokünstler Hiroshi Sugimoto in einer Nacht in seinem New Yorker Atelier. Im Nachsinnen darüber erkennt er, dass Landschaften über die Zeit ihre Form verändern, das Meer aber – das Wasser und der Himmel darüber – jene Urlandschaft darstellt, welche sich den Menschen damals wie heute egal an welchem Ort unverändert zeigt.[2] Diese überzeitliche, universelle Erfahrung sichtbar zu machen, ist Ausgangspunkt der »Seascapes«, einer Serie von bisher über 200 Aufnahmen der Ozeane und Meere der Welt.

Seit den 1980er Jahren fotografiert der Künstler sie stets auf die gleiche Weise: Er positioniert sich auf einer Anhöhe, blendet jedes landschaftliche Detail aus, reduziert den Bildausschnitt auf das Wasser und den Himmel darüber und lässt die Horizontlinie genau in der Mitte des Bildes verlaufen. Die Fotografien unterscheiden sich lediglich durch das tageszeitliche Licht und die Witterungsbedingungen, die der Künstler vor Ort vorfindet. Mal lässt Nebel die Horizontlinie verschwimmen, mal erscheint sie, wie in »Baltic Sea, Rügen« aus dem Jahr 1996, gestochen scharf.

Obwohl Sugimoto den Ort und den Zeitpunkt der Entstehung dieser Aufnahme grob umreißt, unterläuft die Reduktion auf die wesentlichen Bestandteile der Meerlandschaft – Wasser, Luft und Horizont – jeden Versuch einer genauen zeitlichen und geografischen Verortung. Das Meer wird zu einem abstrakten Ort – einem Schauplatz, der außerhalb von Raum und Zeit existiert.[3] Sugimotos Fotografie erschöpft sich jedoch nicht darin, eine Aufnahme der Natur zu sein. Das Meer ist der Ort der Herkunft und der Entstehung des Lebens – Wasser und Luft dessen essentielle Bestandteile. Sie werden vom Künstler auf eine besondere Weise herausgestellt. Dazu dient ihm eine Großbildkamera aus dem ausgehenden 19. Jahrhundert. Mit ihr realisiert er Aufnahmen mit feinsten Grauwertdifferenzierungen und extremen Detailschärfen. Wir können nah an das Bild herantreten und die Elemente studieren – die Bewegung und Dichte des Wassers, die Transparenz der Luft. Dabei wird unser Blick »über unsere eigene Existenz hinaus«[4] zurückgelenkt und wir erinnern uns, woher wir kommen und wohin wir gehen.

1 Zitat Hiroshi Sugimoto, in: Kerry Brougher/Pia Müller-Tamm (Hg.),
   »Hiroshi Sugimoto«, Ausst.-Kat., Ostfildern 2007, S. 109.
2 Vgl. Ebenda.
3 Vgl. Kerry Brougher, »Unmögliche Fotografie«, in: Ebenda, S. 27.
4 Ebenda.

Karin Kneffel

[1957 Marl –
lebt & arbeitet in Düsseldorf & München]

Ohne Titel (Dalmatiner)
Radierung auf Bütten /
Etching on hand made paper
2015

Darstellung: 36 x 70 cm
Blatt: 48 x 80 cm
Signiert, datiert und »EA« nummeriert
Auflage: 50 + 10 e.a.
Provenienz: Atelier der Künstlerin;
Privatsammlung Süddeutschland

—

Image: 36 x 70 cm | 14 1/4 x 27 1/2 in
Sheet: 48 x 80 cm | 19 x 31 1/2 in
Signed, dated and numbered »EA«
Edition of 50 + 10 e.a.
Provenance: The artist's studio;
Private Collection Southern Germany

Karin Kneffel

[1957 Marl –
lebt & arbeitet in Düsseldorf & München]

Ohne Titel (Kuh)
Öl auf Leinwand /
Oil on canvas
1993

20 x 20 cm
Rückseitig signiert und datiert
Provenienz: Atelier der Künstlerin; Galeria Senda, Barcelona;
Privatsammlung Berlin

—

20 x 20 cm | 7 3/4 x 7 3/4 in
Signed and dated on the verso
Provenance: The artist's studio; Galeria Senda, Barcelona;
Private Collection Berlin

Bereits vier Jahre nach ihrem Abschluss 1987 als Meisterschülerin bei Gerhard Richter an der Düsseldorfer Kunstakademie, erhält Karin Kneffel eine der bedeutendsten Auszeichnungen für Deutsche Nachwuchskünstler: Das Karl-Schmitt-Rottluff Stipendium. Es folgen weitere wichtige Auszeichnungen wie der Lingener Kunstpreis oder das Stipendium der Villa Massimo in Rom. Nach einer Professur in Bremen unterhält Kneffel seit 2008 eine Professur an der Akademie der bildenden Künste in München. Geprägt von ihrem Lehrer, beschäftigt sich die Künstlerin mit dem intermedialen Diskurs von Malerei und Photographie. Ihre Bilder stellen die Aussagekraft von Photographien infrage, indem sie sich photographischer Vorlagen bedient und diese auf der Leinwand kompositorisch verfremdet und manipuliert.
Die besondere Wirkung der Gemälde der 1990er Jahre erschließt sich aus der sachlichen Stimmung, die jedoch die Konfrontation mit dem Betrachter sucht und ihn herausfordert. Die Werke aus dieser frühen Schaffensperiode versuchen die Routine der Normativität und der Vertrautheit zu stören. Indem die Künstlerin extreme Bildausschnitte wählt, welche die jeweiligen Sujets ins Überdimensionale wachsen lassen, sowie durch die Kombination von Details aus unterschiedlichen Photographien, kommt es oft zu perspektivischen Brüchen, die unsere Sehgewohnheiten infrage stellen. Realistisch kann man ihre Bilder daher auch nur bedingt nennen.

Der Museumsdirektor Stephan Berg erklärt, dass sie ihre Motive »so sehr auf ihre Oberfläche reduziert, dass sie jede Idee einer tatsächlichen Materialisierung an sich abprallen lassen. […] Ihr Hyperrealismus atmet den kalkulierten Geist der Fälschung.«[1]
Unser Werk »Ohne Titel (Kuh)« von 1993 zählt zu der bekannten Serie der Tierköpfe, bei der sich Kneffel formal am Bildaufbau eines Portraits orientiert. Bildausfüllend betrachtet man das Antlitz einer gemalten Kuh, der man vis-à-vis gegenübersteht. Dem genannten Hyperrealismus nähert sich Kneffel erst in den folgenden Jahren allmählich an; hier zeigt sich der Duktus noch deutlich erkennbar auf der Leinwand. Durch die Ausschaltung des Hintergrundes werden dem Bild jegliche Hinweise auf eine räumliche Tiefe sowie die Größenrelationen der »Portraitierten« genommen. Das Tier wird weder als Staffage in einer charakteristischen Umgebung gezeigt, noch bei einer typischen Handlung. Viel eher verharrt es vollkommen bei sich – im »Nichtstun« – zeigt keinerlei Regung oder tierische Verhaltensweisen. Eher kontemplativ schauen die Augen einen an, was ein seltsames Zwiegespräch zwischen Betrachter und Tier entstehen lässt. Wie auch Thomas Ruff mit seiner Portraitserie, rufen Kneffels Arbeiten dazu auf, das Bild als identitätsstiftendes Medium zu hinterfragen. Identität und Abbild stehen sich konträr gegenüber; die Aussage wird bewusst offen gelassen. Kneffel selbst äußert sich dazu: »In der Kunst geht es um das Erzeugen eines Zweifels, um etwas, das man selber noch nicht ganz verstanden hat. Das ist mein Antrieb. Kunstwerke erzeugen einen Haltegriff, der im Moment des Zugreifens verschwindet.«[2]

1 Stephan Berg, »Nachtschattengewächse«, in: »Karin Kneffel. 1990-2010«, Ausst.-Kat. Kunsthalle Tübingen, Tübingen 2010, S. 12.
2 Karin Kneffel, in: Susanne Wedewer, »Blicke hinter die Kulissen«, Kritisches Lexikon der Gegenwartskunst, Nr. 84, Heft 27, München 2008, S. 4.

Karin Kneffel

[1957 Marl –
lebt & arbeitet in Düsseldorf & München]

Ohne Titel (Kleine Kirsche)
Öl auf Leinwand /
Oil on canvas
1997

20 x 20 cm
Rückseitig signiert und datiert
Provenienz: Atelier der Künstlerin; Galerie Rüdiger Schöttle,
München; Privatsammlung Süddeutschland

—

20 x 20 cm | 7 3/4 x 7 3/4 in
Signed and dated on the verso
Provenance: The artist's studio; Galerie Rüdiger Schöttle,
Munich; Private Collection Southern Germany

Klaus Fußmann

[1938 Velbert – lebt & arbeitet in Berlin & Gelting]

Segelboote
Aquarell und Deckweiß über Bleistift auf Papier /
Watercolour and opaque white over pencil on paper
2012

14,2 x 22,3 cm
Signiert mit dem Monogramm,
»12« datiert und »Dänemark« bezeichnet
Provenienz: Atelier des Künstlers; Privatsammlung Berlin

—

14.2 x 22.3 cm | 5 2/3 x 8 3/4 in
Signed with the initials, dated »12« and marked »Dänemark«
Provenance: The artist's studio; Private Collection Berlin

»Wir unterscheiden zwischen Natur und Kunst und denken dabei an zwei gegensätzliche Welten. Die Natur war schon immer da, sie war und bleibt das beharrende, die Kunst wurde dagegen vom Menschen gemacht und ist – im Verhältnis zum Alter der Natur – gänzlich neu.«[1] Mit diesen Worten leitet der 1938 in Velbert geborene Maler Klaus Fußmann eines der Essays in seinem literarischen Werk »Wahn der Malerei« ein und macht unverkennbar deutlich, in welchem Verhältnis die menschgemachte, vergängliche Kunst zur urgewaltigen, endlosen Natur steht. In zahlreichen Reisen in jedwede Winkel unserer Erde setzt sich Fußmann mit den Ursprüngen der Schöpfung auseinander und hält seine Beobachtungen des Mythos »Natur« künstlerisch fest. Seine Bilder seien dabei aber nur die Träger von »[…] Aspekten aus der unendlichen Vielfalt des Sichtbaren […].«[2]
Nahe der Küste in der malerischen Gemeinde Gelting in Schleswig-Holstein lebend, nimmt er sich die ihn umgebenden, sich tagtäglich verwandelnden Landschaften zur Inspiration und macht die Zeit zu seinem größten Konkurrenten; denn sie ist es, die den ständigen Fluss von Veränderungen vorantreibt und permanent zuvor Sichtbares unsichtbar macht. Bei halbwegs klarem Wetter kann Fußmann unweit seines Wohnsitzes wohl die dänische Küste auf der anderen Seite der Flensburger Förde erblicken, wobei ihm das dazwischenliegende Meer die perfekte Grundlage zur Notation sich ständig wandelnder Motive bietet. Gepeitscht durch Winde oder beruhigend still, vom Unwetter geschwärzt oder von der Sonne erhellt, erdrückend nah oder unendlich fern; es bilden sich schier endlose Eindrücke die Fußmann in Gemälden, Aquarellen und Zeichnungen festhält. Nie weicht er von seinem rasanten, spontanen Duktus ab, nutzt aber die Mittel der verschiedenen Medien, um Bildkompositionen unterschiedlicher Intensität und Wirkkraft zu erarbeiten. In der aquarellierten Zeichnung »Segelboote« greift Fußmann eben diesen Gedanken der kontinuierlichen Veränderung auf und macht sie zum allumfassenden Prinzip der Komposition. Eingefangen ist ein Moment, der im nächsten Augenblick wieder vergangen sein wird. Diesem impressionistischen Grundgedanken folgend, setzt der Künstler spontane Grafitschraffuren um Wolkengebilde, Horizont, Festland und Schiffe von der sich in preußisch-blauen und indigofarbenen Tönen auflösenden Farbmasse abzusetzen. In der Ferne befindet sich das dunkle Meer in reger Bewegung, während sich die weiß und braun gefärbten Segel der in einer ruhigen Bucht fahrenden Schiffe auf der geglätteten Wasseroberfläche spiegeln können. Die diffusen Überlagerungen deckender und sich lichtender Farbflächen, die dichten und sich auflösenden Wolken sowie der Kontrast zwischen dem erdigen Braun und dem kühlen, strahlenden Blau steigern sich zu einer taghellen Bildszenerie in gleißendem Licht. Das Festhalten des Augenblicks auf Papier trotzt der Vergänglichkeit der Zeit und zeigt ein Bild losgelöst von der Objektivität der Realität.

1 Klaus Fußmann, »Der Wahn der Malerei«. München 2009, S.86.
2 Ebenda S. 197.

Klaus Fußmann

[1938 Velbert – lebt & arbeitet in Berlin & Gelting]

Ostsee
Radierung auf Papier /
Etching on paper
1995

Darstellung: 30,5 x 41 cm
Blatt: 38 x 50 cm
Auflage: 60, 10 e.a., 4 Andrucke
Werkverzeichnis Peerlings 1996 Nr. 346
Provenienz: Atelier des Künstlers
Literatur: Galerie und Verlag Peerlings (Hg.), »Klaus Fußmann. Werkverzeichnis der Druckgrafik der Jahre 1992-1996«, Bd. III, Krefeld 1996, Nr. 346

—

Image: 30.5 x 41 cm | 12 x 16 1/4 in
Sheet: 38 x 50 cm | 15 x 19 2/3 in
Edition of 60, 10 e.a., 4 proofs
Catalogue Raisonné by Peerlings 1996 no. 346
Provenance: The artist's studio
Literature: Galerie und Verlag Peerlings (ed.), »Klaus Fussmann. Werkverzeichnis der Druckgrafik der Jahre 1992-1996«, vol. III, Krefeld 1996, no. 346

Klaus Fußmann

[1938 Velbert – lebt & arbeitet in Berlin & Gelting]

Landschaft Düttebüll
Linolschnitt auf Papier /
Linocut on paper
2007

Darstellung: 42 x 55,5 cm
Blatt: 48 x 64 cm
Signiert und »07« datiert
Auflage: 95, 6 e.a., 3 Andrucke
Werkverzeichnis Peerlings 2010 Nr. 625
Provenienz: Atelier des Künstlers
Literatur: Galerie und Verlag Peerlings (Hg.), »Klaus Fußmann. Werkverzeichnis der Druckgrafik der Jahre 2005-2010«, Bd. VI, Krefeld 2010, Nr. 625

—

Image: 42 x 55.5 cm | 16 1/2 x 21 3/4 in
Sheet: 48 x 64 cm | 19 x 25 1/4 in
Signed and dated »07«
Edition of 95, 6 e.a., 3 proofs
Catalogue Raisonné by Peerlings 2010 no. 625
Provenance: The artist's studio
Literatur: Galerie und Verlag Peerlings (ed.), »Klaus Fussmann. Werkverzeichnis der Druckgrafik der Jahre 2005-2010«, vol. VI, Krefeld 2010, no. 625

Christopher Lehmpfuhl

[1972 Berlin – lebt & arbeitet in Berlin]

Herbstlicher Schlosspark
Öl auf Leinwand /
Oil on canvas
2015

100 x 120 cm
Signiert und »15« datiert
Provenienz: Atelier des Künstlers

—

100 x 120 cm | 39 1/3 x 47 1/4 in
Signed and dated »15«
Provenance: The artist's studio

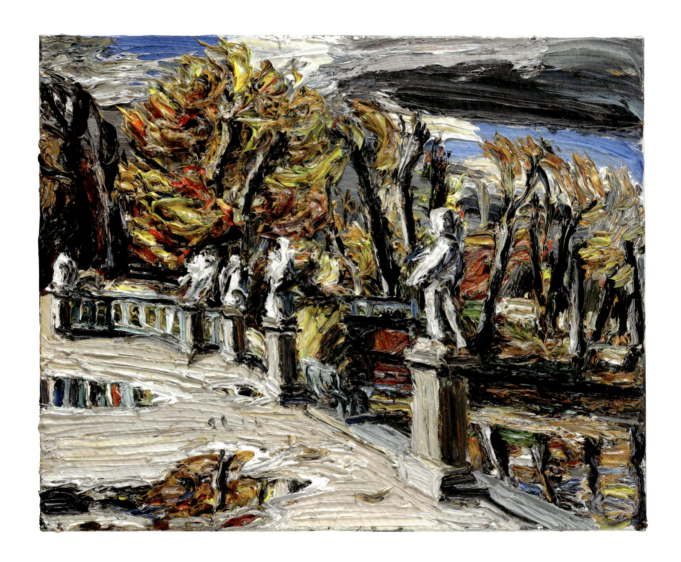

Christopher Lehmpfuhl

[1972 Berlin – lebt & arbeitet in Berlin]

Herbstlicht am Schlachtensee
Öl auf Leinwand /
Oil on canvas
2015

150 x 170 cm
Signiert und »15« datiert
Provenienz: Atelier des Künstlers

—

150 x 170 cm | 59 x 67 in
Signed and dated »15«
Provenance: The artist's studio

Schon während des Studiums verschreibt sich Christopher Lehmpfuhl ganz den traditionellen Genres der Stadt- und Landschaftsmalerei. Er entscheidet sich damit nicht nur motivisch für eine enge Verknüpfung mit der Malerei des französischen und deutschen Impressionismus. »Die Tradition, von vielen auch als Bürde beschrieben, empfinde ich […] weniger als Last, sondern weit mehr als Bestätigung und Ansporn […].«[1] Er wird sich außerdem bewusst, dass er seine schöpferische Energie insbesondere aus dem unmittelbaren Kontakt mit seiner Umgebung bezieht und verlagert seine Position aus dem Atelier nach draußen. Ohne Vorzeichnungen oder Studien ist es seine individuelle Wahrnehmung des Ortes in einer bestimmten Wetter- und Lichtsituation, die er in ihrer ganzen Intensität mit individueller Handschrift auf die Leinwand bannt. Im Laufe der Jahre sind so Landschafts-Zyklen unter anderem in China, Mexiko, Australien und Ägypten und zuletzt in Italien, vor allem aber immer wieder in Deutschland entstanden. Die Heimatstadt Berlin ist ihm dabei ein besonders reizvolles Motiv.

Für unser Werk »Herbstlicht am Schlachtensee« zog es Lehmpfuhl aus der Metropole, hin zum gleichnamigen See im Südwesten Berlins. Der beliebte Bade- und Spazierort zählt zu den größten und schönsten Seen Berlins, wo jede Großstadthetze vergessen scheint. Lehmpfuhl hat den See an einem besonders freundlichen Tag eingefangen. Die frischen Farben bilden den Wechsel der Jahreszeit in ihrer vollen Schönheit ab. Das verfärbte Laub liegt bereits am Ufer des Sees, doch einige Bäume strahlen noch in einem hellen Gelb. Mit dicker Ölfarbe bildet sich am unteren Bildrand ein angedeuteter Laubhaufen, der sich plastisch aufzutürmen scheint. Auch die Blätter am Baum scheinen aus dem Bild wachsen zu wollen. Durch den pastosen Farbauftrag wirken sie wie nachträglich hinzugefügt. Dies führt zu einer optischen Illusion, der die Wahrnehmung des Bildraumes verändert. Wie häufig setzt Lehmpfuhl einen Spaziergänger ins Bild, der als Fixpunkt dient, um den herum sich das intensiv erlebte Atmosphärische des Naturereignisses bewegt. Der ungewöhnliche Bildausschnitt verleiht der Landschaft einen ausgesprochen lebendigen Charakter. Spätestens durch das große Format wird der Betrachter unmittelbar in die Szenerie gesogen, die sich in pastosen Farbmengen auf der Leinwand auftürmt. Lehmpfuhl hat Pinsel und Palette schnell beiseitegelegt, um fortan mit seinen Fingern – einem Bildhauer gleich – zu arbeiten. Aus der Nähe zeigt sich das bewegte Auf und Ab des reliefartigen Farbauftrags. Auf diese Weise schafft er dreidimensionale Werke, die sich zwischen der Ebene und der dritten Dimension bewegen. Im Detail eröffnet sich eine weitere Betrachtungsebene. Bewegt man sich ganz nah an die beeindruckenden Leinwände heran, entdeckt man – wie auf einem abstrakten Gemälde der Nachkriegszeit – wahre Farbexplosionen. So vermischen sich die verwendeten Farben in dem Auf und Ab der Farblandschaften nie vollends. Eine Vielzahl unterschiedlicher Farbstränge bleibt immer sichtbar und so sind Christopher Lehmpfuhls Gemälde stets auch aus der Nahdistanz wahre Naturschauspiele.

[1] Christopher Lehmpfuhl im Gespräch mit Professor Klaus Fußmann und Dr. Uwe Haupenthal, zit. in: Kunst-Kabinett Usedom, »Christopher Lehmpfuhl – Zwischen Skagen – und Hamburg«, Benz 2009, S. 4.

Cornelius Völker

[1965 Kronach – lebt & arbeitet in Düsseldorf]

Austern
Öl auf Leinwand /
Oil on canvas
2007

55 x 100 cm
Rückseitig signiert, betitelt und datiert
Provenienz: Atelier des Künstlers; Privatsammlung Norddeutschland

—

55 x 100 cm | 21 2/3 x 39 1/3 in
Signed, dated and titled on the verso
Provenance: The artist's studio; Private Collection Northern Germany

Cornelius Völker wurde 1965 in Kronach geboren und studierte von 1989-1995 an der Kunstakademie Düsseldorf. Seit 2005 hat er eine Professur für Malerei an der Kunstakademie Münster inne. Derzeit lebt und arbeitet er in Düsseldorf und New York.
Die Entstehung der Werkgruppe der Austern erstreckt sich über einen Schaffensraum von 2002 bis 2004. In diesem Zeitraum entstehen Arbeiten auf Papier und Leinwand zu diesem Thema. Stets ruhen die Austern auf einem nicht näher definierten fast monochromen Hintergrund. Dass sie liegen, ist allein durch ihren Schattenwurf erkennbar. Fast zufällig scheinen sie dort in einem unklaren Lichteinfall zu ruhen, manchmal mit einer Zitrone als Beigabe versehen, die sie untereinander verbindet und Frische und Unverbrauchtheit signalisiert. Während der Hintergrund sehr flach gehalten ist, wechselt Völker die Art und Weise des Farbauftrags mehrfach sehr gekonnt. So wirkt die Schale der Austern stark zerklüftet. Sie wirkt nahezu real in Ihrer Verkrustung und strahlt einen deutlich haptischen Reiz aus. Das Innenleben der Auster wird durch den fließenden Farbauftrag und die verschiedenen, sich ineinander vermengenden Farben in seiner Weichheit und Konsistenz begreifbar. Der Glanz der Ölfarbe trägt sein Übriges zur Wirkung bei.
Trotz einer kompositorischen Lockerheit folgt die Anordnung der Motive streng formalen Grundsätzen. Die Farbe stellt sich in ihrer konkreten Materialität zur Schau, nimmt die Konsistenz der Gegenstände an und gibt ihnen zugleich eine gegenständliche Lesbarkeit in all ihrer Sinnlichkeit. So wird auch in dieser Werkserie stetig an den Möglichkeiten, die Malerei bieten kann, gearbeitet.
Völkers Motive mögen dem Betrachter gewöhnlich erscheinen, doch weder Motivwahl, noch Komposition sind dem Zufall überlassen. »Die Motive«, sagt er selbst, »sind für mich so etwas wie Widerstandskoeffizienten, an denen sich die Malerei erproben muss«.
Die Malerei von Cornelius Völker beschreibt eine spannende Gratwanderung zwischen Abstraktion und Gegenständlichkeit, zwischen Material und Mimesis. Diese auf den ersten Blick scheinbaren Widersprüche ziehen sich durch das gesamte Werk Völkers und sind Programm seiner Malerei, die in einem extrem hohen Maße selbstreflexiv ist. Die Werkgruppe der Austern gehört zu einer der wichtigsten Serien im Werk von Cornelius Völker und spiegelt die Intensität seiner Malerei in all ihren Facetten wider. Man muss sie nicht verzehren mögen, um die Malerei Völkers zu schätzen.

Jerry Zeniuk

[1945 Bardowick bei Lüneburg – lebt & arbeitet in New York & München]

Untitled
Öl auf Leinwand /
Oil on canvas
2014

60 x 60 cm
Rückseitig signiert und datiert
Provenienz: Atelier des Künstlers

—

60 x 60 cm | 23 2/3 x 23 2/3 in
Signed and dated on the verso
Provenance: The artist's studio

Von Beginn an ist Zeniuks Malerei der Gegenstandslosigkeit verpflichtet und frei von jedweden erzählerischen Implikationen. Die Farbe transportiert für Zeniuk keinerlei Botschaft oder Bedeutung, vielmehr geht es ihm allein um ihre Materialität. Über einen Zeitraum von nun mehr als 30 Jahren entwickelt er seine Malerei in sehr konsequenten kleinen Schritten weiter.
Auch das 2014 entstandene Werk »Untitled« zeigt Kreise in verschiedenen Farben und Größen. Die mit breitem Pinselstrich auf die unbehandelte Leinwand aufgebrachten Farbkreise sind in größeren Abständen zueinander angeordnet, so dass der Bildträger zwischen den einzelnen Punkten sichtbar bleibt. Der ausführende Pinselstrich ist grob, weshalb die einzelnen Kreise keine klaren Umrisslinien aufweisen, sondern nach außen hin ausfransen. Die Übergänge werden an manchen Stellen zusätzlich durch eine Übermalung im hellgrauen Farbton der Leinwand betont – diese Übermalungen wirken wie Ausbesserungen oder Korrekturen und rhythmisieren die gesamte Komposition, die insgesamt aufgelockert und austariert erscheint. Das harmonische, quadratische Format der Leinwand unterstützt diesen Eindruck noch. Zeniuks Bilder entwickeln sich erst während des Malprozesses: Der Künstler beginnt mit einem Farbpunkt und aus diesem heraus ergibt sich der nächste Schritt. So entsteht nach und nach die gesamte Komposition einschließlich der Farbauswahl.
Im Zentrum seines künstlerischen Ansatzes steht die Beziehung zwischen Farbe und Malgrund, zwischen Fläche und Raum, zwischen Licht und Schatten. 1989 erläutert Zeniuk in einem Radiointerview seine Auffassung von Malerei: »Als ich noch ein Student war, habe ich von Clement Greenberg gelernt, dass ein abstraktes Bild flach sein muss und die Farbe selbst Bildgegenstand ist. […] Und das war es, was mich fesselte. So begann der Lernprozess: Wie kann ich den Raum deutlich machen, wie das Licht, wie kann ich ihm Bedeutung geben? Und – besonders, wenn man kein Abbild hat – immer wieder die Frage: Was ist der Gegenstand des Gemäldes, was ist es, dass das Auge sieht, worauf ziele ich ab? Das sind all die Jahre meines Malens. Und jedes Jahr wurde mir klarer, was ich will, was ich sehe, und auch die Bedeutung dessen, mein Wissen darüber hat zugenommen. Ich kann heute sehr viel präziser diesbezüglich sein. Ich kann auch sehr viel mehr den Betrachter einbeziehen, ihn in ein Bild eintreten lassen und sich darin bewegen lassen.«[1]
Die Verteilung der Farben wirkt zunächst beliebig und wenig zielgerichtet. Bei längerem Betrachten offenbart sie jedoch eine erstaunliche Qualität. Die einzelnen Töne sind sehr sensibel zueinander in Bezug gesetzt worden, um dem Bild eine möglichst große Intensität zu verleihen. Betrachtet man das Bild, wird der Blick rasch von einem Farbton erfasst und das Auge beginnt ganz unbewusst über weitere Farbflecken oder Punkte desselben Tons zu wandern. Der Betrachter wird auf diese Weise ganz unterbewusst für Farbe und Malerei sensibilisiert.

[1] Interview von Wilhelm Warning mit Jerry Zeniuk für den Bayerischen Rundfunk im September 1989, zit. in: Dieter Schwarz/Ulrich Wilmes (Hg.): »Jerry Zeniuk. Oil and Water«, Ausst.-Kat., Nürnberg 1999, S. 164.

Jerry Zeniuk

[1945 Bardowick bei Lüneburg –
lebt & arbeitet in New York & München]

Untitled
Öl auf Leinwand /
Oil on canvas
2013

60 x 60 cm
Rückseitig signiert und datiert
Provenienz: Atelier des Künstlers

—

60 x 60 cm | 23 2/3 x 23 2/3 in
Signed and dated on the verso
Provenance: The artist's studio

Christian Awe

[1978 Berlin – lebt & arbeitet in Berlin]

time waits for no one
Acryl und Sprühlack auf Leinwand /
Acrylic and spray paint on canvas
2014

130 x 200 cm
Rückseitig signiert, datiert und betitelt
Provenienz: Atelier des Künstlers

—

130 x 200 cm | 51 1/4 x 78 3/4 in.
Signed, dated and titled on the verso
Provenance: The artist's studio

Bei einem ersten flüchtigen Blick erscheint unsere großformatige Arbeit »time waits for no one« von Christian Awe wie ein undurchschaubares Durcheinander aus Farbschichten, unbestimmbaren Formen und ornamentalen Flächen. Die verschiedenen Farbflächen schlängeln sich über das Motiv als seien sie zufällig getropft. Tatsächlich sind es tieferliegende Ebenen, die der Künstler durch das Abtragen von darüber liegenden Farbschichten sichtbar gemacht hat. Denn der in Berlin lebende Künstler sprüht, gießt und spritzt die einzelnen Farben in Schichten übereinander und trägt dann in Zwischenschritten einzelne Partien wieder ab, um darunter liegende Malschichten wie ein Archäologe frei zu legen.[1] Die Farbe steht als gestaltgebende Materie dabei immer im Mittelpunkt. Oft bereichert Awe seine Abstraktionen um figurative Details bzw. Muster, die er mit Schablonen erzeugt. Die Aussparungen legen den Blick frei auf die im Hintergrund schablonierte Ornamentik und bieten dem Betrachter zugleich Orientierungspunkte bei der Betrachtung. Die konstruierte Zufälligkeit der vielschichtigen und nahezu plastisch erscheinenden Werke des ehemaligen Street-Art Künstlers ist das Ergebnis eines langwierigen, schrittweisen Entstehungsprozesses, der trotz aller Dynamik als sorgsam und wohl bedacht zu bezeichnen ist. Sämtliche Schichten werden im Verlauf des Malprozesses fotografisch dokumentiert, sodass der Künstler stets die Kontrolle darüber behält, wo sich welche Details einer im Verborgenen liegenden Malschicht exakt befinden. Es entstehen sehr feine, reliefartige Strukturen und visuelle Brüche, deren Entstehung sich selbst bei genauem Hinsehen kaum offenbart.

Awe, der bei Georg Baselitz studierte und Meisterschüler von Daniel Richter war, ist begeisterter Kenner der Kunstgeschichte seit 1945. Zweifellos steht seine Arbeit unter Einfluss der Drip-Paintings von Jackson Pollock, der mit den Konventionen der Kunst vor 1945 gebrochen und neue Formen der Abstraktion ermöglicht hat.[2] Zugleich steht Christian Awe für eine Generation des Aufbruchs, die die Grenzen des Ausstellungsraums zu sprengen weiß. Malerische Positionen weiterer Vorbilder wie Hans Hartung, Sam Francis und Gerhard Richter greift er voller Begeisterung und Reflektion auf, bringt unterschiedliche Aspekte ihrer Arbeitsweise zusammen und entwickelt diese unter Einfluss der Erfahrung aus dem Graffiti sehr konsequent zu einem eigenständigen, neuen Ganzen weiter.

1   Vgl. Gespräch zwischen Christiane Rekade und Christian Awe, in: Berlin Art Projects (Hg.), »Abstrakte Welten – Sam Francis/ Christian Awe«, Ausst.-Kat., Berlin 2009, S. 7.
2   Vgl. Gabriele Uelsberg, »Konstruktion des Informellen«, in: Galerie Ludorff (Hg.), »Christian Awe. Amour fou«, Ausst.-Kat., Düsseldorf 2014.

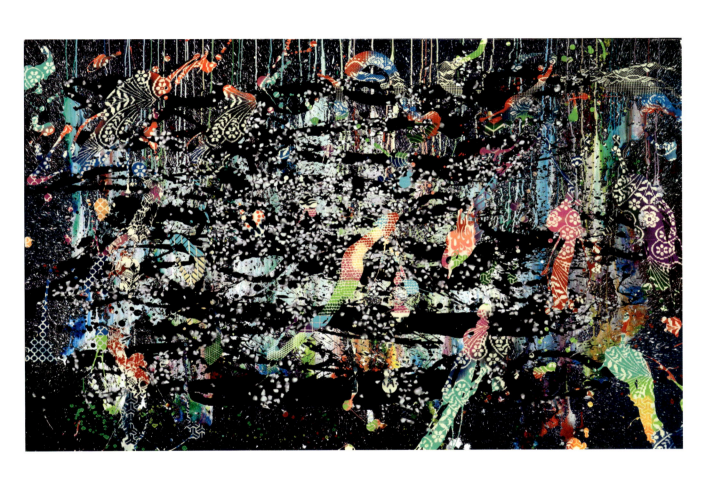

Christian Awe [1978 Berlin – lebt & arbeitet in Berlin]

Gatsby
Acryl und Sprühlack auf Leinwand /
Acrylic and spray paint on canvas
2015

180 x 180 cm
Rückseitig signiert, datiert und betitelt
Provenienz: Atelier des Künstlers
Literatur: Christian Awe (Hg.), »OffYourColorChart«,
Ausst.-Kat., Deutsche Bank Nexttower, Berlin 2015, Abb. S. 13
Ausstellungen: Deutsche Bank Nexttower, »Christian Awe.
OffYourColorChart«, Deutsche Bank Frankfurt 2015

—

180 x 180 cm | 70 3/4 x 70 3/4 in
Signed, dated and titled on the verso
Provenance: The artist's studio
Literature: Christian Awe (ed.), »OffYourColorChart«,
exh.cat., Deutsche Bank Nexttower, Berlin 2015, ill. p. 13
Exhibited: Deutsche Bank Nexttower, »Christian Awe.
OffYourColorChart«, Deutsche Bank Frankfurt 2015

Herausgeber /
Editors:
Rainer M. Ludorff,
Manuel Ludorff

Katalogbearbeitung /
Research:
Dennis Brzek, Anke Darrelmann M.A., Marie-Sophie von Flotow M.A., Pia Jerger B.A., Therés Lubinetzki B.A., Nana Ludorff M.A., Jonas Schenk B.A., Nina Wagner M.A.

Texte /
Texts:
Sonja Ameglio, Dennis Brzek, Anke Darrelmann, Elisabeth Felix, Marie-Sophie von Flotow, Dagmar Füchtjohann, Sarah Heidebroek, Pia Jerger, Therés Lubinetzki, Marliesa Komanns, Nana Ludorff, Jonas Schenk, Nina Wagner, Nele Wree

Photographie /
Photography:
Achim Kukulies, Düsseldorf
Bernd Borchardt, Berlin (für Christian Awe)
Florian Selig, Berlin (für Christopher Lehmpfuhl)

Gestaltung /
Design:
Anna Węsek, buchtypo

Druckvorstufe /
Prepress:
Gaby Balzer-Westphal

Gesamtherstellung /
Production:
Die Qualitaner

Erscheinungsdatum /
Date of publication:
Februar 2016

ISBN 978-3-942248-27-3

GALERIE LUDORFF
Königsallee 22   D-40212 Düsseldorf
www.ludorff.com   mail@ludorff.com
T. +49-211-326566   F. +49-211-323589

Öffnungszeiten:
Dienstag bis Freitag 10.00 bis 18.00 Uhr
Samstag 11.00 bis 14.00 Uhr

Opening Hours:
Tuesday to Friday 10 am to 6 pm
Saturday 11 am to 2 pm

Alle Werke sind verkäuflich
Preise auf Anfrage /

All works are for sale
Prices upon request

—

Die angegebenen Maße (Höhe vor Breite) beziehen sich auf die Größe des Bildträgers wie z.B. Papier, Malkarton oder Leinwand (Keilrahmen). Bei den Skulpturen und der Druckgrafik beziehen sich die Literatur- und Ausstellungsangaben auf das Motiv und nicht zwangsläufig auf das angebotene Exemplar. /

All measurements are height before width and describe the precise dimensions of the artwork without any potential frame. The literature and exhibition details of the sculptures and prints refer to the motif and not necessarily to the work on offer.

—

Abbildungsnachweis /
Copyright

Josef Albers, S. 96, 97 © The Josef and Anni Albers Foundation / VG Bild-Kunst, Bonn 2016; Christian Awe, S. 139, 141 © Christian Awe 2016; Otto Dix, S. 25, 27 © VG Bild-Kunst, Bonn 2016; Lyonel Feininger, S. 35 © VG Bild-Kunst, Bonn 2016; Sam Francis, S. 87, 89 © Sam Francis Foundation, California / VG Bild-Kunst, Bonn 2016; Franz Gertsch, S. 111, 113 © by Franz Gertsch; Karl Otto Götz, S. 91 © VG Bild-Kunst, Bonn 2016; Gotthard Graubner, S. 99, 101 © VG Bild-Kunst, Bonn 2016; George Grosz, S. 19, 21 © Estate of George Grosz, Princeton, N.J. / VG Bild-Kunst, Bonn 2016, S. 22 © Hirshhorn Museum and Sculpture Garden, Smithsonian Institution, Gift of the Joseph H. Hirshhorn Foundation, 1966, Foto: Lee Stalsworth; Hans Hartung, S. 93 © VG Bild-Kunst, Bonn 2016; Erich Heckel, S. 39, 41 © Nachlass Erich Heckel, Hemmenhofen; Konrad Klapheck, S. 107, 109 © VG Bild-Kunst, Bonn 2016; Karin Kneffel, S. 117, 119, 121 © VG Bild-Kunst, Bonn 2016; Georg Kolbe, S. 57, 59 © VG Bild-Kunst, Bonn 2016; Christopher Lehmpfuhl, S. 129, 131 © VG Bild-Kunst, Bonn 2016; Max Liebermann im Atelier, S. 12 © Axel Springer SE; Gabriele Münter, S. 61, 63 © VG Bild-Kunst, Bonn 2016; Ernst Wilhelm Nay, S. 67, 69, 71 © Elisabeth Nay-Scheibler, Köln / VG Bild-Kunst, Bonn 2016; Emil Nolde, S. 53, 55 © Nolde Stiftung Seebüll; Hermann Max Pechstein, S. 47, 49, 51 © Pechstein Hamburg / Tökendorf; Pablo Picasso, S. 26 © Succession Picasso / VG-Bildkunst, Bonn 2016 / Kunstsammlung Nordrhein-Westfalen, Düsseldorf, Foto: Walter Klein, Düsseldorf; Otto Piene, S. 79, 81, 83 © VG Bild-Kunst, Bonn 2016; Serge Poliakoff, S. 73, 75, 77 © VG Bild-Kunst, Bonn 2016; Hans Purrmann, S. 37 © VG Bild-Kunst, Bonn 2016; Gerhard Richter, S. 103, 105 © Gerhard Richter 2016; Emil Schumacher, S. 85 © VG Bild-Kunst, Bonn 2016; Renée Sintenis, S. 9, 17, 29 © VG Bild-Kunst, Bonn 2016; Hiroshi Sugimoto, S. 115 © Hiroshi Sugimoto, Courtesy Fraenkel Gallery, San Francisco; Cornelius Völker, S. 133 © VG Bild-Kunst, Bonn 2016; Jerry Zeniuk, S. 135, 137 © Jerry Zeniuk 2016

Wir waren bemüht, alle Bildrechteinhaber ausfindig zu machen. Sollte es uns in Einzelfällen nicht gelungen sein, bitten wir diese, sich bei der Galerie Ludorff zu melden. Eventuelle Ansprüche werden selbstverständlich im Rahmen der üblichen Vereinbarungen entgolten. /

We have made every effort to contact right holders. If this has not been achieved in individual cases, we kindly ask them to contact Galerie Ludorff. Potential claims will be remunerated within the usual regulations.